André Meinunger
Sick of Sick?

André Meinunger forscht am Zentrum für Allgemeine Sprachwissenschaft in Berlin und lehrt deutsche und allgemeine Sprachwissenschaft an der Universität Leipzig, der Humboldt-Universität und der Medizinischen Akademie Berlin. Er hat unter anderem ein wissenschaftliches Buch zum Dativ herausgegeben (Datives and Other Cases, John Benjamins Publishing Company).

André Meinunger

Sick of Sick?

**Ein Streifzug durch die Sprache
als Antwort auf den »Zwiebelfisch«**

Kulturverlag Kadmos Berlin

Die Deutsche Bibliothek – CIP-Einheitsaufnahme

Die Deutsche Bibliothek verzeichnet diese Publikation in der
Deutschen Nationalbibliographie; detaillierte bibliographische Daten
sind im Internet unter <http://dnb.ddb.de> abrufbar

Copyright © 2008, Kulturverlag Kadmos Berlin. Wolfram Burckhardt
Alle Rechte vorbehalten
Internet: www.kv-kadmos.com
Umschlaggestaltung: Readymade, Berlin
Gestaltung und Satz: Readymade, Berlin
Printed in Germany
Druck: TZ-Verlag
IISBN 978-3-86599-047-1
ISBN (10) 3-86599-047-9

Inhalt

Vorwort – »Zwiebelfisch« versus Szientifisch 9

1 Wie es richtig lauten muss 14

2 Hier schwimmen die Fälle davon 22

3 Probleme mit den Wortarten 34

4 Woher die Vorschriften rühren und was sie
  uns verbauen 45

5 Geh nie tief in Sprache und Grammatik 54

6 Über Übergänge und Quatsch mit rosaroter
  Himbeersoße 59

7 ... oder die Kunst der Fuge 63

8 Reflexion zu(r) Umgangssprache 68

9 Es ist nicht immer eindeutig, aber oft
  kompliziert: Über *von* und *durch* 72

10 Was wollte er denn? 76

11 Das Bier im falschen Kontext und seine Folgen 83

12 Weil – ganz so ist es nun auch wieder nicht! ... 86

13 Von der Wehrhaftigkeit der deutschen Sprache 91

14 Doppelt und dreifach 107

15 Bis zur Verzweiflung 116

16 Ja, Qualität hat ihren Preis. 119

17 Auf Distanz zu Henry. Wer war denn das
noch mal? 124

18 Der dritte Sick ist grün 129

19 Über Frauen in leitenden Positionen und
große kleine Männer. 134

20 Mit diesem Kapitel
verabschiede ich mich (fast) 137

21 Intellektuelles und Prolliges – Oxymoron
und Arschgeweih 141

22 Nun doch etwas zu Anglizismen 146

23 So ein Dilemma! Über (noch mehr) Untote
und Paradoxa. 154

24 Alles, was recht ist, und was Rechtschreibung
ist 158

25 Was ist denn nun akzeptabel? 163

Nachwort (Von der Wissenschaft) 173

Denn wer sich genauer mit Sprache auseinander setzt, der gelangt sehr bald zu folgender Erkenntnis: Eine lebende Sprache lässt sich nicht auf ein immergültiges, fest zementiertes Regelwerk reduzieren. Sie ist im ständigen Wandel und passt sich veränderten Bedingungen und neuen Einflüssen an. Darüber hinaus gibt es oft mehr als eine mögliche Form. Wer nur die Kriterien richtig und falsch kennt, stößt schnell an seine Grenzen, denn in vielen Fällen gilt sowohl das eine als auch das andere.

Bastian Sick

(»Der Dativ ist dem Genitiv sein Tod«, Sick 1 – Vorwort)

Ich widme das Buch Bernd, der mir die Bände »Der Dativ ist dem Genitiv sein Tod« und vieles mehr geschenkt hat.

Noch vor dem Vorwort

Wer aufgrund des Titels die Erwartungshaltung in sich trägt, hier würde für englische Wörter und amerikanisierende grammatische Konstruktionen in unserer Sprache plädiert, kann das Buch wieder weglegen. Der Autor liebt die deutsche Sprache mindestens ebenso sehr wie Bastian Sick.

Vorwort – »Zwiebelfisch«
versus Szientifisch

Das öffentliche Interesse an den Gedanken zur deutschen Sprache und die Kritik zu ihrer Verwendung, mit denen Bastian Sick inzwischen zu einer Kultfigur geworden ist, kann als immens bezeichnet werden. Die nunmehr drei Bände von »Der Dativ ist dem Genitiv sein Tod« haben wochenlang auf den Bestsellerlisten gestanden. Die »Zwiebelfisch«-Kolumne von Spiegel online wird in mehreren Foren heiß diskutiert, und in der Köln-Arena – einer gigantischen Halle für Massenveranstaltungen – kam es zur »größten Deutschstunde der Welt« mit mehreren Tausend Menschen im Publikum, wie man es sonst von Popstarkonzerten oder Bundesligaderbys kennt. Inzwischen geht Bastian Sick auf Tournee und füllt nicht mehr nur Buchläden, sondern stellt sich seiner Anhängerschaft nun in namhaften Theatersälen und Konzerthäusern. In manchen Bundesländern gehört sein Werk zur Pflichtlektüre im Deutschunterricht. So ein Zuspruch kann vonseiten der professionellen Sprachwissenschaft nicht ignoriert werden, zumal es nicht wenige Dinge gibt, die korrigiert werden müssen oder zumindest einmal in ein anderes Licht gerückt werden sollten. Somit versteht sich dieses Buch als ein Nutznießer, das auf dem von Bastian Sick heraufbeschworenen Interesse der Deutschen (Österreicher und Schweizer) an ihrer Sprache aufbauen und dabei die publikumswirksame Wahrnehmung der Linguistik (Sprachwissenschaft) ein bisschen befördern möchte. Denn diese Disziplin hat keinen besonders guten Ruf. Allzu oft wird Sprachwissenschaft mit den Ungereimtheiten der Rechtschreibreform oder der sehr zweifelhaften und oft unsinnigen Kürung der Wörter des Jahres (Wort, Unwort, schönstes Wort usw.) assoziiert. Dabei sind die Ziele der Linguistik ganz andere als das Vorschreiben (siehe Nachwort) dessen, was man zu sagen hat und wie man es sagen müssen soll und was man gefälligst gar nicht in den Mund zu nehmen habe. Wenn der Leser nun bei der vorliegenden Lektüre etwas lernt, dann hat die Sick'sche Sprachkampagne noch einen weiteren Sinn. Denn bestimmte positive Seiten sind dem Werk nicht abzusprechen. Zuallererst ist da natürlich die Sensibilisierung der Deutschsprecher für ihre Muttersprache. Wohl kaum ein anderes Werk hat das in dieser Weise vermocht. Darüber hinaus stecken die Bücher und die Kolumne tatsächlich voller guter und oftmals origineller Beobachtungen zur deutschen Sprache, meist verfasst in einem Stil, den man gern liest. Aber da setzt dann auch schon die Kritik an. Der Ton, wenn er auch meist geschickt gewählt ist, kommt zuweilen etwas ironisch und provozierend, bisweilen sogar besserwisserisch daher. Und das kann sich der Autor nicht immer leisten. Denn neben den guten und treffenden Darstellungen strotzt das Sick'sche Werk eben auch von Ungereimtheiten, Unstimmigkeiten, Halbwahrheiten, Pedanterien bis hin zu reinen und groben Fehlern.[1] Welche das (unter vielen anderen) sind,

[1] Allzu häufig findet man Kurzschlussanalogien, die keiner tiefer gehenden Überlegung standhalten. Über Scharfsinnigkeit in Sachen Sprache, die der Verfasser einer Spiegel-Titelstory dem »Zwiebelfisch«-Autor bescheinigt, verfügen die Kolumnenbeiträge sehr selten. So wie vielen Kollegen ist mir bis heute schleierhaft, wie ein so schlechter, linguistisch ignoranter Artikel »Deutsch for sale« beziehungsweise »Rettet dem Deutsch« es nicht nur in das anspruchsvolle Wochenmagazin, sondern sogar noch auf die Titelseite geschafft hat (Der Spiegel, Heft Nr. 40, 2006). Das scheint mir ein viel größerer Fall von Kulturniedergang zu sein als »die schleichende Schwächung« einiger Verben.

kommt im vorliegenden Band zur Sprache. Es sollen also exemplarisch Stellen herausgegriffen und daran dem Leser gezeigt werden, dass man sich nicht blindlings auf die Kolumne und ihren Verfasser verlassen kann. Insofern ist eine Kenntnis der Sick-Bücher von Vorteil. Der vorliegende Band wendet sich somit an »Zwiebelfisch«-Kenner, aber auch Neulingen sollte die unvorbereitete Lektüre möglich sein. Es ist außerdem hoffentlich auch ein Stück Genugtuung für diejenigen, die die bisweilen peinliche Polemik der Sick-Bücher erkannt haben. Eine interessante Frage, der hier nicht nachgegangen werden soll, bleibt weiterhin, was die Faszination des in den Der-Dativ-ist-dem-Genitiv-sein-Tod-Bänden ausgelebten Sprachdünkels ausmacht. Eine Studie darüber wäre sicherlich ebenso interessant und lieferte Stoff für ein weiteres Buch. Interessant waren in diesem Zusammenhang ein FAZ-online-Artikel (»Der Zwiebelfisch stinkt vom Kopf her«) vom 5.11.2006, aus der Feder von Claudius Seidl und die Reaktionen der Leser darauf. Im vorliegenden Band soll es aber erst einmal um konkrete Punkte, Aussagen und Thesen über Sprache gehen – hoffentlich mit einem bisweilen ähnlichen Unterhaltungswert wie dem der »Zwiebelfisch«-Kolumne.

Nun zur Sprache und der Wissenschaft über diese, zur Sprachwissenschaft oder Linguistik. Traditionell wird das Herzstück der Linguistik, also der Hauptgegenstand der Sprachwissenschaft, in vier Teildisziplinen unterteilt, wobei man von den kleinsten Einheiten (Laute) zu den größten (Texte) vorgeht. Der Grund ist eher didaktischer Natur, denn alle Ebenen hängen zusammen und stehen auch jenseits des aufeinander aufbauenden Charakters zueinander in Beziehung.

Die kleinsten Bausteine sprachlicher Äußerungen sind also die Laute. Jeder auch nicht linguistisch ausgebildete deutsche Muttersprachler wird das Wort *klein* in seine fünf Laute zerlegen können. Diese Fähigkeit kommt ihm dann beim Lesen und Schreiben zugute, auch wenn es selbstverständlich keine Eins-zu-eins-Entsprechung von Laut und Buchstabe gibt. Mit diesen kleinsten Einheiten, den Lauten also, befassen sich **Phonetik** und **Phonologie**. Diese Laute verbinden sich nach verhältnismäßig strengen Gesetzmäßigkeiten, und es entstehen Wörter, zum Beispiel eben *klein* – oder aber *Kleinkind, Kleinigkeit* oder *kleines* in *ein kleines Haus*. Das Wort *klein* kann zwar in seine einzelnen Laute, aber nicht in sinnvolle kleinere Einheiten zerlegt werden. *Kleinkind* schon: nämlich in *klein* und *Kind*. *Kleinigkeit* wahrscheinlich in *klein* und möglicherweise noch in *-ig* und *-keit*. Die Wortendung *-ig* bildet oft Adjektive, zum Beispiel macht sie aus dem Substantiv *Witz* das Eigenschaftswort *witzig*; sie leistet also einen Beitrag zur Bedeutung(sänderung). Ebenso *-keit:* das macht aus einer Eigenschaft, die mit einem Adjektiv ausgedrückt wird, ein Substantiv, zum Beispiel *Traurigkeit* aus *traurig*. Diese Bestandteile, in die komplexere Wörter zerlegt werden können, oder anders ausgedrückt: aus denen sich ›größere‹ Wörter aufbauen, werden Morpheme genannt. Die Teildisziplin, die sich damit beschäftigt, heißt **Morphologie**. Nun machen sprachliche Äußerungen beim Wort nicht halt, sondern die Gestalt, in der uns Sprache meistens begegnet – so auch hier in diesem Text – ist die Form von Sätzen. Diese wiederum sind in der Regel aus mehreren Wörtern aufgebaut, aus Wörtern, die sich nacheinander anordnen. Eine solche Anordnung ist nun wiederum nicht willkürlich, sondern gehorcht strengen Regeln. Zum Beispiel steht im Deutschen der Artikel immer vor dem zugehörigen Substantiv: *der Text* (und nicht *Text der*), *eine Grammatikstunde* (nicht *Grammatikstunde eine*) – in vielen anderen Sprachen ist es umgekehrt. Welche Anordnungen möglich und richtig sind, untersucht die **Syntax**, die Lehre vom Satzbau. Und auch über die Satzgrenze hinaus gibt es Anordnungsregeln: Auf eine Frage folgt eine Antwort, und nicht umgekehrt. Solche Dinge untersuchen die **Semantik** und **Pragmatik**. Die Linguistik hat es da ähnlich gemacht wie ihre Vorbilder in den Naturwissenschaften. Die Physik unterteilt sich grob in die Kernphysik für den Mikrobereich, in die Festkörperphysik, die sich mit der uns unmittelbar zugänglichen Natur beschäftigt, und die Astrophysik für die kosmischen Dimensionen. Die Biologie ihrerseits in die Mikrobiologie (darin die Genetik), zuständig für den mikroskopischen Bereich, die klassische Botanik und Zoologie sowie die Ökologie für die Erforschung der Lebewesen in ihrer Umwelt und in ihrer Beziehung untereinander, also für die Beschreibung der »großen Zusammenhänge«. Alle diese Bereiche können ziemlich isoliert studiert und betrieben werden, vor allem im Hörsaal oder im Lehrbuch; sie haben auch teilweise ihre (relativ) eigenen Gesetze – aber für das tiefe Verständnis der Phänomene muss man die gesamten Zusammenhänge erfassen. Da sind die Grenzen mehr als fließend, sogar auch zwischen Physik, Biologie und Linguistik.

Neben diesen Kerndisziplinen hat die Linguistik viele Hilfswissenschaften mit größerem Praxisbezug hervorgebracht: **Stilistik, Lexikologie, Orthographie, Varietätenlinguistik** oder die **Sprachphilosophie** usw.

Im vorliegenden Buch soll nun aus jeder dieser fettgedruckten Teildisziplinen mindestens ein Phänomen betrachtet und dann gezeigt werden, wo und wie Herr Sick sich irrt und seine Leser in die Irre führt.

1 Wie es richtig lauten muss

Beginnen wir mit einem linguistischen Elementarteilchen, einem Laut – und zwar dem [ç]. Im kleinen ABC des »Zwiebelfischs« liest man unter dem Buchstaben C Folgendes:

> Die standardgemäße Aussprache des »Ch« am Wortanfang vor den hellen Vokalen »e« und »i« ist ein weiches »ch« wie in »Licht« und »Blech«. (Sick 1, S. 209)

Vor allem bezieht sich Bastian Sick damit auf die Aussprache des Landesnamens *China*, die im Süden Deutschlands und in Österreich oft wie /kina/ klingt. Tatsächlich schreibt die Orthoepie oder Hochlautung, also die Disziplin, die vorschreibt, wie Wörter auszusprechen sind und die Einträge im Aussprachewörterbuch diktiert, hier den sogenannten ›ich-Laut‹ vor. (Das ist der sprachwissenschaftliche Begriff für diesen Laut – im Gegensatz zum ›ach-Laut‹, der mit derselben Konsonantenfolge abgebildet wird, aber anders klingt, nämlich so wie in *Bach* oder *Buch*. Bastian Sick würde ihn vermutlich und gar nicht ganz zu Unrecht »das harte ›Ch‹« nennen.) In Wahrheit aber schießt diese Regel viel zu weit über das Ziel hinaus. Wie das wortinitiale <ch> vor den hellen Vokalen wirklich ausgesprochen wird oder werden soll, hängt von der Herkunft des jeweiligen Wortes ab. Unsere deutsche Sprache hat weder den ich- noch den ach-Laut zu Beginn eines Wortes vorgesehen. Man wird also kein einziges echtes deutsches Wort finden, das mit <ch> beginnt. Der Duden oder ein beliebiges anderes, am besten ein Fremdwörterbuch, geben uns aber eine ganze Liste von Wörtern, die in unsere Sprache Eingang gefunden haben und mit <ch> beginnen. Schaut man dort einmal hinein, wird man merken, dass fast ausschließlich alle derartigen Beispiele, die dann tatsächlich mit dem ich-Laut ausgesprochen werden sollen, griechischen Ursprungs sind oder über das Altgriechische zu uns kamen: *Chirurg, Chimäre, Chemie* usw. Das liegt daran, dass das Griechische in seinem Lautinventar tatsächlich über diesen Laut verfügt. So auch das Chinesische – jedenfalls gibt es in dieser fernöstlichen Sprache einen sehr ähnlichen Laut. Dieser wird übrigens in der gängigen Umschrift als <x> wiedergegeben, was die meisten Menschen, Nachrichtensprecher eingeschlossen, nicht wissen und was sie dann dazu veranlasst, /ks/ zu artikulieren. Der langjährige chinesische Staats- und Parteichef Deng Xiaoping wurde konsequent /ksiao/ ausgesprochen. In Anbetracht der Tatsache aber, dass China eine der größten Boomregionen der Welt ist und in Zukunft immer mehr von sich reden machen wird, kann man sich die Aussprache des <x> in chinesischen Bezeichnungen ruhig merken. (Zum Beispiel Xue Long [gesprochen: /chüe lung/] für Teetrinker oder in Xi'an [gesprochen: /chi-an/] – für Touristen die chinesische Entsprechung für ein »Gemisch« aus Rothenburg ob der Tauber, Neuschwanstein und Potsdam/Sanssouci. Für Urlauber, die nicht so weit fahren, sondern nur kurz hinter die deutsche Grenze ins böhmische Eger, sei gesagt, dass die korrekte tschechische Aussprache der Stadt Cheb auch nicht nach der Sick-Regel funktioniert und nicht /tscheb/ lautet, wie man es oft hört, sondern, wer es ungefähr richtig machen will, dem sei empfohlen, einmal den ach-Laut am Wortbeginn zu versuchen.) Trotzdem ist der ich-Laut beim Namen für China wohl doch eher zufällig, zumindest nicht auf sein Vorkommen im früheren oder heutigen Mandarin zurückzuführen.

Alle übrigen Wörter mit anderem Ursprung verlangen eine vom ich-Laut verschiedene Realisierung. Das Spanische zum Beispiel hat uns viele Wörter gebracht, die mit <ch> beginnen, die dann aber auch wie im Spanischen üblich wie /tsch/ ausgesprochen werden sollten: der Name *Che Guevara* zum Beispiel, *Chinchilla* und *Chili*, der aus Chile kommt – und alle diese Wörter sollte man so beginnen, wie man das Wörtchen *tschüss* artikuliert, nämlich mit /tsch/ und nicht wie Sick das vorschlägt mit /ch/. Er geht hier sicherlich einer falschen Analogie zum Landesnamen China auf den Leim, was er mit nicht wenigen, meist Norddeutschen, teilt. Die Bayern, denen er die Aussprache mit /tsch/ in den Mund legt, und nicht nur die, sondern alle anderen, die /tschile/ sagen, machen es also, ob bewusst oder unbewusst, richtig. Einer solchen Analogie würde man sicherlich bei offensichtlich englischstämmigen Wörtern nicht folgen: *chillen, (ein-)checken, Chip, Chicken Wings, Cheddar-Käse* machen wohl keinerlei Probleme und deshalb wendet kaum einer die offensichtlich falsche Sick-Regel an, sondern spricht das korrekte /tsch/. Reinfallen kann man allerdings bei der Aussprache des Namens für *Chicago*, der wird nämlich nicht mit /tsch/ sondern nur mit [ʃ] also dem sch-Laut ausgesprochen. Wer gegen diese Ausnahme verstößt, macht sich aber nicht sonderlich verdächtig. Eher auf Unverständnis würde einer stoßen, der die Sick-Regel bei Wörtern französischer Herkunft anwendete und *Chef, Chaiselongue, chic* oder *Chiffre* mit dem ich-Laut artikulierte. Hier spricht man ganz ohne Schwierigkeiten den Laut, den das Deutsche meist mit <sch> wiedergibt, und das dritte Wort wird ja inzwischen meistens sogar ganz eingedeutscht <schick> geschrieben. Eine fünfte Ausspracheversion für das initiale <ch> vor <i> und <e> liefern das Italienische und das Rumänische. Hier wird auch der letzte Norddeutsche hoffentlich das <ch> als /k/ sprechen, nämlich, wenn er einen *Chianti* bestellt – oder wenn er Liebhaber klassischer Musik ist, sollte er die Hosenrolle aus Mozarts »Don Giovanni« (Cherubino) /kerubino/ nennen und eine Meinung zu den Bruckner-Interpretationen von Celibidache (/tschelibidake/) haben. (Das räumt Bastian Sick an anderer Stelle auch ein, nämlich im Kapitel »Italienisch für Anfänger«, Sick 1, S. 98.)

Diese Schreibung ist folgendermaßen zu erklären: Im späteren Latein, von dem sowohl das Italienische als auch das Rumänische abstammen, wurde ein <c> vor den hinteren Vokalen (<a>, <o>, <u>) wie ein <k> artikuliert. Folgte ein vorderer Vokal, kam es zu einer Lautveränderung je nach Dialekt: mal eine Art /ts/, mal /tsch/, mal /s/ oder /sch/. (Man denke daran, das Caesar, den wir /zäsar/ aussprechen, eigentlich ähnlich wie /ka-esar/ gesprochen wurde, woher sich unser deutsches Wort *Kaiser* ableitet.) Nun gab es doch immer wieder Worte, die mit einem k-Laut begannen, dem ein <e> oder <i> folgte. Um dann in der Schreibung anzudeuten, dass tatsächlich ein /k/ zu sprechen sei und kein /tz/ oder /tsch/, wurde ein <h> eingefügt. Dieses <h> hatte und hat keine eigene lautliche Entsprechung, es ist nur da, um anzuzeigen, dass das <c> wie ein /k/ auszusprechen sei. (Im Deutschen setzen wir oft ein <h>, um einen vorangehenden Vokal als lang anzudeuten, ausgesprochen wird das <h> nicht.) Und ebendiese, nicht unübliche Regel erklärt uns auch die Schreibweise und Aussprache von Ortsbezeichnungen wie Chiemsee oder Chemnitz.

Vielleicht ist schon einmal aufgefallen, dass es Orte gibt wie Coburg oder Cottbus, die in bestimmten Varianten wieder in *Koburger Straße* oder *Kottbuser Tor* auftauchen. Was ist da los? Es hat immer wieder Perioden gegeben, wo man die eigene Sprache als unzulänglich, zu provinziell, zu wenig prestigeträchtig empfunden hat. Gegenwärtig, so beobachtet das nicht nur Bastian Sick ganz richtig, ist das Englische so ›hip‹, dass ganz peinliche Sachen geschehen: Der Deutsche erfindet und benutzt Wörter wie *trampen* oder *Handy*, um ›up-to-date‹ zu klingen – aber vor allem um ein ›cooles‹ Schriftbild zu erzeugen, obwohl ein Engländer selbst oder eine Amerikanerin das Autofahren per Anhalter oder das Mobiltelefon nie so nennen oder in diesen Begriffen erkennen würden.[2] Immerhin könnte man ja auch, weil es sich gar nicht um englischstämmige Worte handelt, <trempen> oder <Händi> schreiben. Auf ähnliche Weise hat man das <s> vom Wort durch das Apostroph getrennt (*Petra's*), bis es schließlich auch von der Orthographie erlaubt wurde. Dazu liest man viel Richtiges und Erbauliches bei Bastian Sick.

Eine solche dünkelhafte Tendenz und Stimmung fand man auch im 18. und 19. Jahrhundert vor. Damals waren aber beim deutschen Bildungsbürger und Adel Latein und Griechisch angesagt. In dieser Zeit suchte man danach, deutsche Laute mit Buchstaben wiederzugeben, die eher klassisch und undeutsch wirkten und sonst nur in Fremdwörtern verwendet wurden und werden. Dazu gehören eben die lateinischen Buchstaben <c> und <v> oder das Griechische <y>, das auf Französisch übersetzt sogar ›Griechisches I‹ heißt und dann in Ortsnamen wie Bayreuth oder Bayern auftaucht. Man hätte den Bayreuthern bei der Änderung der Schreibweise damals das sächsische Hoyerswerda oder das niedersächsische Hoya und Norderney aufzeigen können, denn auch die

---

[2] Auf der Internetseite: http://www.u32.de/handy.html findet man eine lange Abhandlung, ob und wie das Wort *Handy* doch aus dem Englischen ins Deutsche gekommen sein könnte.

zweite Silbe des Stadtnamens bot sich zur Gräzisierung an, und die germanischen Wagnerhelden sängen heute allsommerlich in <Bayroyth>; so aber traf die Kabinettsorder von Bayernkönig Ludwig I. am 12. Oktober 1827 nur den ersten i-Laut im Namen, ganz wie in der <Weyßwurst>, die heute längst wieder ›vernünftig‹ geschrieben wird. Gern griff man auch auf die Verbindungen <qu>, <rh> und <ph> zurück. Wollte man nun eine Ortsbezeichnung, die wie /kemnitz/ oder /kiemsee/ ausgesprochen werden sollte, latinisieren, also lieber mit <c> als mit <k> schreiben, dann musste man die oben erwähnte H-nach-dem-C-Regel anwenden, ansonsten hätte man eine ganz eigenartige Kreatur geschaffen. Dieses Problem hat sich so bei Celle nicht gestellt. Da hatten die Schreibungsreformatoren sogar ein orthographisches Prinzip im Rücken, anders als bei Zell oder Zella-Mehlis.[3] Also egal, ob für Nord- oder Süddeutsche, Ossis oder Wessis: der Chiemsee und Chemnitz sind immer und überall mit K auszusprechen.

Für die Sprachwissenschaft tatsächlich interessant ist aber nicht, was man wie auszusprechen hat, weil es von da oder dort ins Deutsche kommt, sondern dass und wie es geschieht. Wie oben erwähnt, ist ein wortinitiales <ch> »undeutsch«. Es wird daher auch von den meisten als eher unnatürlich empfunden. Und mit einem solchen Gefühl steht der Deutsche nicht allein. Der ich-Laut ist äußerst selten: Weit weniger als fünf Prozent der Sprachen der Welt haben ihn überhaupt im

---

[3] Ein logisches oder semantisches Prinzip steht für die Bemühung um Eindeutigkeit: Verschiede Begriffe sollen auch verschieden geschrieben werden, um sogenannte Homographe zu vermeiden: *Lärche* und *Lerche*, *wieder* und *wider*, *Lid* und *Lied*, *Waise* und *Weise*. Bei Ortsnamen findet man das nicht selten: *Rhein – rein, Dahme – Dame, Inn – in, Main – mein, Roth – rot*, so eventuell auch bei *Celle – Zelle*.

Lautrepertoire. Dazu gehört das Deutsche zwar, aber eben nicht uneingeschränkt. Wie gesagt, es kommt am Wortanfang nicht vor, und in der Regel auch nur in Verbindung mit einem vorderen Vokal (nicht so z. B. bei *Lurch* oder *Molch*). Solche Restriktionen sind eher ungewöhnlich. Viele Varianten des Deutschen verzichten auch ganz auf diesen Laut: Die Süddeutschen (Bayern, Österreicher und Schwaben) lassen ihn oft gern ganz weg: /jo freili/, /i mog di/, nehmen auch am Wortende lieber ein <k>: /wenik/, /traurik/ oder schalten schnell ein kurzes <a> ein, um die lautliche Umgebung für einen ach-Laut zu kreieren: /duach/ (durch), /kiach'/ (Kirche). Viele Sprecher in Deutschlands Mitte (Hessen, Rheinländer und Sachsen) nehmen lieber den sch-laut: /isch/, /wischdisch/ (wichtig), *Kirche* und *Kirsche* fallen lautlich zusammen. Im Norden macht man da weniger »falsch«, aber auch da sagt man oft lieber /ick/ als /ich/ (mancherorts sogar *mir* für *mich*, was jedoch auch noch ganz andere Gründe hat), oder setzt gern einen j-Laut ein, nicht nur für das <g>, sondern auch ab und zu für das <ch>: Das <ch> im Verkleinerungsmorphem *-chen* z. B. wird im Norddeutschen oft entweder zum <k> in *Sönke* (kleiner Sohn), *Anke* (Anne) oder unter friesischem Einfluss zum <j> in *Matjes* (Mädchen, weil es ein jungfräulicher Hering ist), *Smutje* oder in Namen wie *Antje* (Anne), *Swantje* (Schwan), *Sünje* (Sonne) usw. Insofern kann man es den verschiedenen Sprechern des Deutschen nicht verübeln, wenn sie Fremdwörter mit <ch> ihren üblichen Ausspracheregeln unterwerfen. Das ist ein ziemlich natürlicher Vorgang, den zu reglementieren eher Unmut stiftet. Die Leute im Norden halten die im Süden für hochnäsig und ignorant, weil sie der Meinung sind, die ›Südler‹ halten sich für etwas Besseres, was sie unberechtigterweise dazu bevollmächtigt, sich über die vorgeschriebene Aussprache hinwegzusetzen.

Die Leute im Süden halten die im Norden ebenfalls für überkandidelt, weil sie auf eine eigentlich unnatürliche, gestelzt klingende lautliche Realisierung pochen. Beides trifft jedoch nur in zu vernachlässigendem Ausmaße zu; jeder redet, wie er es für sich für richtig, angemessen und eigentlich unprovozierend hält.

Die Leute in Deutschlands Mitte gehen halt lieber in Köln zum /schinesen/ und studieren in Halle /schemie/, in München gehen sie dagegen beim Blinddarmbruch zum /kirurgen/ und in Wien bei bestimmten Problemen zum /kiropraktiker/. Damit liegen Letztere in punkto Aussprache nah bei ihren italienischen Nachbarn im Süden. Die Norddeutschen haben weniger Probleme mit der Hochlautung, vielleicht auch weil ihre nördlichen und östlichen Nachbarn, z. B. einige Skandinavier (ich-Laut) oder die Slawen zum Verwechseln ähnliche Laute in ihren jeweiligen Sprachen haben.

Zu Missverständnissen dürfte die lokale Aussprache des <ch> selten führen. Eine Regel ist demnach eher ein Korsett und vermutlich überflüssig, und wenn jemand Chile mit /sch/ oder /ch/ anstatt mit /tsch/ aussprechen will, dann soll er es halt tun.

2 Hier schwimmen die Fälle davon ...

Formen der Gleichberechtigung

Kommen wir zu einer größeren Einheit als dem Laut, dem Morphem und nehmen ein klassisches Beispiel aus der Morphologie und damit gleichzeitig ein Lieblingsthema von Sick: Kasusendungen, also die Deklination von Substantiven in den richtigen Fall. Da liest man nun im zweiten Band auf Seite 64:

> »Terroristen exekutieren US-Soldat!«. Bedauerlich war nicht nur der Inhalt der Meldung, sondern auch der Umgang mit der Grammatik. »Es muss ›US-Soldaten‹ heißen«, wende ich ein, »denn der Soldat wird in Dativ und Akkusativ zum Soldaten«. – »Aber dann denken die Leser, dass mehrere Soldaten erschossen wurden«, verteidigt sich der Textchef, »das wäre doch missverständlich. So ist es klarer!« So ist es auf jeden Fall falscher. Man muss sich schon entscheiden, ob man das Risiko eingeht, der Leser könne zwei Sekunden lang an einen Plural glauben, oder ob man ihn lieber glauben lassen will, man habe Probleme mit der deutschen Sprache.

Nun, der Textchef hatte zweimal Recht, Probleme mit den Regeln der deutschen Sprache hatte hier eher Herr Sick. Es ist zwar so, dass ein Substantiv wie *Soldat* im Akkusativ zu *Soldaten* mit Kasusendung wird – aber das ist eine eher schwächere Regel, die bisweilen gegen eine andere grammatische Vorschrift an Durchsetzungskraft verliert. Und diese lautet ungefähr so: Steht ein Substantiv im Singular, also in der Einzahl, ohne jegliche Begleiter da, muss die kasustypische Endung wegfallen. Ganz eindeutig lässt sich das mit Bastian Sicks Lieblingsfall, dem Genitiv, illustrieren. Substantive wie *Brot* oder *Sand* werden im Genitiv regulär zu *Brotes* und *Sandes* (oder *Brots* bzw. *Sands*): *sein Blick war selbst des glänzenden Goldes überdrüssig* oder *das Gewicht nassen Sandes*. Als sogenannte Massennomina ist es Begriffen wie *Gold* und *Sand* auch möglich, ohne Artikel gebraucht zu werden. (*Sie liebt Gold. Er handelt mit Sand.*) Dann verlieren sie aber auch die Möglichkeit, genitivisch realisiert zu werden: Man kann nicht sagen: *er war Goldes überdrüssig*, und noch weniger: *das Gewicht Sands*. Das widerspräche nicht nur der in manchen Grammatiken formulierten Regel, sondern auch dem Sprachgefühl. Selbst normative Grammatiker haben deshalb festgestellt, dass es heißen muss, die Wiener Philharmoniker sind (nach der Abdankung von Clemens Krauss im Jahre 1933) *ein Orchester ohne eigenen Dirigenten* oder *ein Orchester ohne einen eigenen Dirigenten*, sie sind eben *ein Orchester ohne Dirigent*, aber nicht ohne Dirigenten. Denn nahezu alle Kapellmeister reißen sich darum, mit diesem Klangkörper zu arbeiten – aber keiner wird zu ihrem Chef. Will heißen, steht das Nomen *Dirigent* allein ohne Artikel oder Adjektiv, verliert es die Möglichkeit, eine Kaususendung zu realisieren. Lediglich die genitivfreundliche Juristensprache hat den tatsächlich sogenannten ›Genitivus criminis‹ in ganz wenigen Fügungen retten können: *sie wurde wegen Mordes angeklagt*, was dann bisweilen zu recht künstlichen Analogien führt wie: *wegen Umbaus* oder *wegen Hagels* geschlossen. Aber schon im Zusammenhang mit den Gerichtsverben wie in *Er wurde Diebstahls verdächtigt und Raubes überführt* hört sich der Genitiv ohne Artikelbegleitung arg überzogen an. Der Deutsche möchte ein alleinstehendes Substantiv im Singular einfach nicht beugen. Und so kommt es auch, dass in einer anderen Konstruktion, in der ein Nomen unproblematisch ohne Artikel auftreten kann, kein morphologischer Akkusativ verlangt, ja sogar, dass er als ungrammatisch empfunden wird. Man würde sagen: Kommen Sie, ich mache Sie gegebenenfalls bekannt. *Kennen Sie schon Chefdirigent Böhm* und *Bauer Kruse?* Man könnte sich auch vorstellen: *Kennen Sie schon den neuen Chefdirigenten Böhm und unseren guten alten Bauern Kruse?* Hier tragen alle ihre Kasusendung bei sich – aber eben, weil ein Artikel dabeisteht. Fällt der weg, kommt komisches Deutsch dabei heraus: *Kennen Sie Bauern Kruse? Und kennen Sie auch schon Dirigenten Thielemann?* Ähnlich kann man sich vielleicht *an den braven Soldaten Schwejk, an den Grafen Lambsdorff* und *an den in den bayerisch-österreichischen Alpen erschossenen Bären Bruno* erinnern; oder aber *an Soldat Schwejk, an Graf Lambsdorff* oder *an Bär Bruno,* aber man wird nie sagen, man erinnere sich *an Soldaten Schweijk, an Grafen Lamsbdorff* oder vergesse nie *Bären Bruno.* Hier geht es noch demokratischer als demokratisch zu: ob Hochadel, Fußvolk oder ›bloß‹ Tier – hier wollen sich Bär, Affe, Bauer, Soldat und Graf oder Zar einfach nicht beugen. Und das tun sie auch nicht, wenn sie im Telegrammstil der Überschriften – beispielsweise in Zeitungstexten – ohne begleitende Artikel oder Adjektive auftauchen. So wie im von Bastian Sick kritisierten Text geschehen. Das journalistische Register liebt das Weglassen sogenannter Hilfswörter, wozu Artikel, Hilfsverben, bestimmte inhaltsarme Präpositionen und Konjunktionen gehören. Dennoch ist die ›Journaille‹ damit nicht aus der gesamten Grammatik entlassen. Sie hat sich bestimmter Regeln zu bedienen. Gegen diese wurde aber in obigem Text nicht verstoßen. Der Redakteur hätte gar nicht nach einer Entschuldigung suchen müssen. Dennoch hat er eine geliefert, und die war gar nicht dumm.

Der Grund für die Verzwicktheit der deutschen Kasusrealisierung liegt im gerade betrachteten Fall wohl wirklich daran, dass die Kasusendungen für maskuline Substantive, nämlich das Genitiv-s, aber auch die Dativ- und Akkusativendungen *-e(n)*, ebenfalls genuine Pluralmarker sind, also an ein Substantiv angehängt werden (können), um aus der Einzahl die Mehrzahl abzuleiten: *der Stau – die Staus, der Hund – die Hunde, der Soldat – die Soldaten.* (Die Mehrdeutigkeit eines Flexionsmorphems nennt man auch Synkretismus.) Nun kommen pluralische Substantive ganz systematisch ohne Artikel vor, nämlich, wenn sie indefinit gebraucht werden. Im Singular ist das ungleich seltener. Kommt nun ein Wort wie *Autos* oder *Soldaten* ohne einen Begleiter daher, ist man konditioniert, es als die Mehrzahl zu verstehen – viel eher denn als Genitiv oder Dativ bzw. Akkusativ. Um diesem potentiellen Missverständnis vorzubeugen, hat sich die deutsche Grammatik die obige Regel geschaffen. Und mit der von Bastian Sick kritisierten Formulierung ist alles in Ordnung.

Wie sehr das Bestreben von Eindeutigkeit und Deutlichkeit grammatische und oder stilistische Regeln verschiebt, hat anderenorts für diesbezüglich sehr vergleichbare Phänomene auch in der Argumentation von Herrn Sick geführt, zum Beispiel, als es in seinem zweiten Buch um die Ersetzung seines geliebten Konjunktivs durch die viel banaler klingende, stilistisch anrüchige Umschreibung mit *würde* ging. (Sick 2, S. 8of.):

> […] da kein Mensch mehr »Ich hülfe dir« sagte. Oder sagen würde. Da haben wir schon die zweite Ausnahme: Wenn der Konjunktiv II mit der Form des Präteritums übereinstimmt […], ist die Umschreibung mit »würde« zulässig, allein schon, um Missverständnisse zu verhindern. Denn Verständlichkeit ist stets die oberste Maxime, dem hat sich

auch der Konjunktiv unterzuordnen. Ein Beispiel: »Da sie sich nie und nimmer für mich interessierte, spielt es keine Rolle, was ich denke.« Um klar zu machen, dass hier nicht die Vergangenheit gemeint ist, sondern eine unwahrscheinliche Möglichkeit, ist es angebracht, sich der Hilfskonstruktion mit »würde« zu bedienen [...].

Man möchte hinzufügen: nicht nur mit *würde*, sondern auch mit Würde.

Weitere Fälle

Im Zwiebel-Test des zweiten Bandes »Wie gut ist Ihr Deutsch?« fragt Bastian Sick unter Nummer 30 auf Seite 253:

> Obwohl sie alle nach demselben Muster gestrickt sind, ist nur einer der drei folgenden Sätze grammatisch korrekt. Welcher?
> a) Der Wind peitschte mich ins Gesicht.
> b) Der Indianer biss mich ins Bein.
> c) Die Sonne stach mich ins Auge

Auf Seite 262 kommt dann die Auflösung:

> Antwort b ist korrekt. Bei Verben der körperlichen Berührung (zum Beispiel schlagen, peitschen, beißen, stechen) steht das Objekt immer im Dativ, wenn das Subjekt unpersönlich ist. Nur wenn das Subjekt eine Person ist, kann das Objekt auch im Akkusativ stehen [...].

Für den konkreten Fall hatte Bastian Sick Recht. Mit seiner generalisierenden Erklärung jedoch nicht. Hier ist die Sachlage wieder ungleich komplizierter. Bei der Realisierung der grammatischen Fälle spielt nicht nur das Konzept der Belebtheit eine Rolle, sondern auch andere Faktoren wie Absichtlichkeit (Intentionalität), Intensität, Involviertheit und Ähnliches. Handelt es sich bei den Verben um Bezeichnungen für Vorgänge, die normalerweise weniger intensiv und unabsichtlich geschehen können, dann ist durchaus der Akkusativ beim belebten Objekt nicht nur möglich, sondern sogar besser oder ausschließlich korrekt. Bastian Sicks Verben beziehen sich auf eher ›aggressive‹ Aktivitäten: *peitschen, stechen, beißen.* Andere Verben der Berührung wären *treffen, berühren, streifen.* Mit diesen Tätigkeitswörtern lassen sich gute Akkusativbeispiele finden oder konstruieren:

a) *Die Kugel streifte mich an der Schulter.*
b) *Der Pfeil traf sie ins Herz.*
c) *Das vorbeifliegende Modellflugzeug berührte dich am Hinterkopf.*
d) *Herunterfallende Ziegel verletzten ihn am Kopf.*

Interessant ist, dass die von Bastian Sick für die oben angeführten Beispiele in den Vordergrund gestellte Beschränkung mit Fokus auf die Belebtheit in verwandten Konstruktion jedoch aus anderem Blickwinkel tatsächlich die entscheidende Rolle spielt. Die wiederum verschweigt der Autor dann. Zumindest lässt er sie unter den Tisch fallen, wenn es um ›intensive‹ Verben mit belebtem, agentivem, also handelndem Subjekt geht:

Immer wieder gerate ich ins Grübeln, wenn ich mit der Frage konfrontiert werde, ob es »Er hat *ihm* auf die Füße getreten« heißt oder »Er hat *ihn* auf die Füße getreten«. […] hier ist beides möglich. (Sick 2, S. 147)

Lange grammatiktheoretische Dispute haben sich an dieser Frage entzündet. Nun, im konkreten Fall hat Bastian Sick hier abermals Recht. Aber wiederum nicht generell. In solchen Sätzen kann das Objekt nämlich nur dann im Dativ erscheinen, wenn es sich um ein belebtes Etwas handelt. Man kann sagen *Er hat dem Vater an die Schulter gefasst, Er hat ihm auf die Füße getreten* oder *Die Schüler tanzen dem Lehrer auf der Nase herum,* aber nicht *Sie hat der Kanne an den Henkel gefasst* oder *Er hat dem Fahrrad in die Speichen gegriffen*. Man kann seinem Nachbarn an die Tür pinkeln, aber kaum seinem eigenen Auto. Bei solchen Sachen verlässt man sich am besten auf sein Gefühl.

Die Meinungen sind gespalten und bestimmte Verbformen können nach längerem Nachsinnen durchaus durchgewunken werden

An mehreren Stellen in den Büchern wird das Partizip II des Verbs *winken* ins Visier genommen:

> Das Verb »winken« wird immer regelmäßig gebeugt: ich winke, ich winkte, ich habe gewinkt. Die Form »gewunken« ist mundartlich und gilt nicht als standardsprachlich. (Sick 1, S. 189)

Auch hier wieder ein »Zwiebelfisch«-Test:

> Die Form »durchgewunken« gibt es gar nicht, denn winken wird (wie hinken) regelmäßig gebildet: winken, winkte, gewinkt. Wäre »winken« ein unregelmäßiges Verb, müsste es im Präteritum auch »wank« heißen, so wie bei »sinken, sank, gesunken«. (Sick 2, S. 259)

Diese Analogie greift viel zu kurz. Die unregelmäßige und von Grimm so genannte »starke Beugung« ist die ganz ursprüngliche, typisch für die echt germanischen Verben. Die regelmäßige Konjugation ist eine spätere Erscheinung (Sprachverfall – für den sich im Falle von *gewunken* Bastian Sick stark macht?[4]). Wenn heutzutage

---

[4] Übrigens gibt es eine sich wahrscheinlich selbst nicht ganz ernst nehmende Gesellschaft zur Stärkung der Verben: http://www.soviseau. de/verben/ueberuns.htm. Hier ihr Anliegen, kopiert von der Homepage der Gesellschaft: »Unsere Absicht ist es nicht nur, ursprünglich unregelmäßigen Verben, die der Sprachvereinfachung zum Opfer gefallen sind oder es zu tun drohen, zu helfen, sondern auch, möglichst

ein Verb aus einer anderen Sprache ins Deutsche gelangt, wird dieses immer schwach, also regelmäßig gebeugt: *surfen, emailen* – in den vergangenen Jahrhunderten war das auch schon so: *gratulieren, palavern, verdoppeln.* Die ›alten‹ Verben bleiben entweder bei ihren starken, also unregelmäßigen Formen – oder sie werden schwach, d.h., sie werden in einem gewissen Sinne regelmäßiger. Dieser Prozess ist jedoch erstens ein sehr langandauernder, und zweitens erfasst er die jeweiligen Verben zu unterschiedlichen Zeitpunkten und schreitet dann mit verschiedener Geschwindigkeit voran. So kommt es sowohl dazu, dass es über geraume Zeit ein Nebeneinander von zwei Formen gibt, als auch, dass einige Verben mit all ihren gebeugten Formen näher an der regelmäßigen Beugung sind als andere. Beim Übergang von der relativ

---

viele naturgemäß schwache Verben der deutschen Sprache (und, in erweiterter internationaler Projektarbeit, auch die anderer lebender und toter Sprachen) in ihren Konjugationsformen zu stärken [...].« Nehmen wir dieses Vorhaben mit Humor, ähnlich wie in folgendem Sonett:

Der Unverbesserliche

Man fragte mich: »Heißt 's fragte oder frug?«
Ich sagte drauf: »Ich wähle immer fragte,
Da man ja auch statt sagte nicht spräch' sug,
Was schlecht dem Ohr und Sprachgebrauch behagte.«

Der andre sprach: »Ich werde draus nicht klug,
Man sagt doch auch nicht schlagte oder tragte?«
Ich sprach: »Ausnahmen sind nur schlug und trug;
Doch tug, rug, zug und wug noch keiner wagte.

Nun wird der Zweifel, der bisher Sie nagte
Und plagte – und nicht etwa nug und plug –
Behoben sein, ob richtig frug, ob fragte?«

Der andre sprach: »Sie haben recht«, und schlug
Sich an die Stirn, als ob ihm Licht nun tagte.
»Verzeihen Sie, daß ich so töricht frug.«

Unbekannt, Anfang 19. Jh.

unregelmäßigen zur regelmäßigeren Konjugation ist die letzte Bastion gegen das Schwachwerden immer das Partizip II; als Beispiele *geschalten* (siehe etwas weiter unten), *gemolken, gemahlen, geborsten, gesalzen, gefalten, gespalten, verworren* …

Andreas Bittner, der eine Doktorarbeit zu »schwachen starken Verben« und »starken schwachen Verben«[5] geschrieben hat, gab mir folgende Liste:

	Imperativ	Präsens	Präteritum	Konj. II	Part.Perf.
werfen	*wirf*	*wirft*	*warf*	*wärfe/würfe*	*geworfen*
werden	**werde**	*wird*	*wurde*	*würde*	*geworden*
heben	**hebe**	**hebt**	*hob*	*höbe*	*gehoben*
schinden	**schinde**	**schindet**	**schindete**	*schünde*	*geschunden*
melken	**melke**	**melkt**	**melkte**	**melkte**	*gemolken*
bellen	**belle**	**bellt**	**bellte**	**bellte**	*gebellt*

Und fährt fort:

Sick liegt also daneben (bezogen auf tatsächlichen sprachlichen Prozess), wenn er sagt: »wäre *winken* ein unregelmäßiges Verb, müsste es im Präteritum auch *wank* heißen wie bei *sinken – sank – gesunken*«. Es heißt eben *mahle – mahlte – gemahlen* und (für viele bereits) *flechten – flechtete – (aber noch) geflochten*. […] winken ist nun ein besonders schöner Fall: Althochdeutsch ›winchen‹ (hin/herbewegen, schwanken) ist eine schwache Bildung bzw. Ableitung zum starken Verb ›winkan‹ (wanken) – *wank – *giwunkan. Letzteres wird schwach (wanken), ersteres, also schwaches ›winken‹, bekommt (wohl erst frühneuhochdeutsch) die Form *gewunken* (dialektale Herkunft, literarisch unterstützt), die sich dann durchsetzt (ohne *wank* nach sich zu ziehen – vgl. oben).

Sick hat keine Ahnung von (historischer) Entwicklung, meint wohl, die hat der heutige Sprecher auch nicht (es fehlt also Prozessdenken plus eine Ahnung, wie ein Code

---

[5] Bittner, A.: Starke ›schwache‹ Verben – schwache ›starke‹ Verben. Deutsche Verbflexion und Natürlichkeit. Tübingen: Stauffenburg. (= Studien zur Deutschen Grammatik 51). 1996.

von Sprechergeneration zu Sprechergeneration übergeht) [...]. Und deshalb argumentiert er strikt nach der analogistischen (mechanistischen) Norm bzw. systematisch/schematisch [...].

Genau diese Sick-(Ana-)Logik würde ein so gewöhnliches Verb wie *bringen* ebenfalls nicht einordnen können: wäre es stark – also unregelmäßig –, sollte es sich verhalten wie *singen* oder *gelingen*: *singen – sang – gesungen; gelingen – gelang – gelungen*. Es heißt nun aber nicht *bringen – brang – gebrungen*. Also sollte es regelmäßig (schwach) sein wie z. B. *bedingen*: *bedingen – bedingte – bedingt*. Überprüft man es, stellt man fest: Nein, es heißt nicht: *bringen – bringte – gebringt*, sondern es nimmt eine Zwischenstellung ein: *bringen – brachte – gebracht* (der Ablaut der starken, aber das <t> der schwachen Konjugation). Es ist also »irgendwo« »irgendwie« dazwischen, ähnlich wie vielleicht *winken*.

Auch Peter Eisenberg, der Verfasser einer der wichtigsten Grammatiken des Deutschen (allen Germanistikstudenten bekannt als »Grundriss«) meldet bezüglich der Sprachkritik à la Sick öfter Bedenken an. Zur Thematik der Stärke bzw. Schwäche des Verbs »winken« hat er eine leicht andere Auffassung als Bittner, aber eine ganz andere als Sick. So schreibt er im Feuilleton der Süddeutschen Zeitung in der Wochenendausgabe vom 11./12.11.2006 unter der Überschrift »Gesotten und gesiedet – Das kuriose Deutsch der Sprachentertainer«:

> Auf einer Veranstaltung mit 15 000 Teilnehmern fragt er etwa nach dem richtigen Partizip von winken. Als die meisten Zuschauer nicht für »gewinkt«, sondern das falsche »gewunken« stimmen, bricht die Zahl der Studienräte in hysterisches Gelächter aus. Also wieder die Frage, warum »gewunken« falsch und »gewinkt« richtig sein soll, obwohl die Mehrheit es umgekehrt sieht. Eine Erklärung findet sich

nicht, weder im Vortrag noch im Buch. Man darf vermuten, dass der Autor die im allgemeineren Gebrauch ältere Form als die richtige ansieht. Meistens gehen Verben von der sogenannten starken Flexion zur schwachen über (»buk« zu »backte«, »gesotten« zu »gesiedet«). Bei »winken« wäre es umgekehrt, eine schwache Form würde stark, und das wird hier offenbar nicht akzeptiert. [...] Insgesamt gibt es fast 20 Verben, die zumindest zeitweise starke Formen aus schwachen entwickelt haben.

Ein weiterer Fall ist *gesinnt* bzw. *gesonnen*. Fest steht, dass es das Verb *sinnen* gibt, zumindest – was auch Bastian Sick zugesteht – als Bestandteil in er**sinnen**, be**sinnen** usw. Nun erweist sich der Deutsche einmal als schöpferisch im traditionellen Sinne, erkennt die Wurzel und bildet (spontan) *wohlsinnen* oder *wohl sinnen*. Hierbei besinnt er sich auf das starke Konjugationsmuster beim Verb *sinnen* und müsste eigentlich von allen konservativen Sprachpflegern gelobt werden, tut er doch etwas für die Erhaltung eines ursprünglichen Musters. Allerorten wird sonst bei Sick und Co. (Der Spiegel, Heft Nr. 40, 2006) die Verdrängung der starken Formen als bedauernswert beklagt. Aber prompt wird er von Bastian Sick auch in diesem Fall zurückgepfiffen:

Im Unterschied zu den Perfektpartizipien »ersonnen«, »versonnen«, und »besonnen« handelt es sich bei »wohlgesinnt« um ein Adjektiv. Ein Verb »wohlsinnen« [...] gibt es nicht. »Wohlgesinnt« ist aus dem Hauptwort »Sinn« entstanden. (Sick 3, S. 256)

Na und, möchte man da antworten: *wohlgesonnen* ist aus *wohl* und *sinnen* entstanden. Was spräche dagegen? Dass es nicht als Ganzes im Duden steht? Wie so vieles andere auch nicht?

Sick beendet seine Belehrung mit:

Man kann also über ein bestimmtes Thema nachgesonnen haben und anschließend fröhlich gesinnt sein.

Ich habe nachgesonnen und mich gefragt, wie kann man es Leuten wie Sick recht machen? Ich war gar nicht fröhlich gesinnt. Es hat keinen Sinn – es ist sinnlos!

Das Verb *schalten* samt ›korrekter‹ Partizipialform kommt bei Bastian Sick auch zur Sprache: *Die Sauna ist angeschalten!* (Sick 2, S. 150ff.) Natürlich wird *geschalten* dort gescholten. Aber die Analogie-Logik ist dann in seiner Tabelle etwas ausgehebelt, denn für *spalten* lässt Bastian Sick *gespalten* und *gespaltet* zu. Hat er da nun eine gespaltene oder gespaltete Meinung?

3 Probleme mit den Wortarten

Komischerweise auf diese Weise

Nun zu einem etwas umfangreicheren Morphem, einer weiteren Einheit, die aus mehreren Lauten aufgebaut ist, aber immer noch kein fertiges Wort ergibt. Auf Seite 110 des ersten Bandes registriert Herr Sick als »deutscher Sprachwächter« eine ihm unzulässig erscheinende Konstruktion »mit wachsender Besorgnis« – und zwar die adjektivische Verwendung von Wörtern auf *-weise*. So prangert er den ehemaligen europäischen Zentralbankchef an, wenn der von einer *schrittweisen Zunahme* spricht und den ehemaligen Bundeskanzler, weil dieser eine *stufenweise Ausbildung* im Munde führte. Der Grund für Herrn Sicks »Bauchschmerzen« mit dieser Art der Verwendung ist folgender: Wörter auf *-weise* seien Ad**verb**ien und als solche hätten diese einerseits die Aufgabe und andererseits die Pflicht, Verben und **nur** Verben zu bestimmen, keinesfalls Substantive; so aber geschehen bei Duisenberg und Schröder. Nun sollten wir die Kirche mal im Dorf lassen! Das Überwechseln eines Wortes von einer Wortart oder Wortklasse in eine andere ist einer der gewöhnlichsten grammatischen Prozesse überhaupt und wird von Morphologen als Konversion bezeichnet. Wenn wir zum Beispiel *die Grünen* sagen und damit nicht unreife Tomaten meinen, sondern ökologisch-bewegte Politiker, dann haben wir das Adjektiv *grün* in ein Substantiv verwandelt. Ähnliches kennen wir von auf Partizipien zurückgehenden Substantiven wie

Angestellte, Gefangene, Vertriebene usw. Hier setzt der Konversionsprozess eher spontan ein. Richtig regelmäßig beobachten wir den Wortartwechsel, wenn ein ungebeugtes Verb – ein Infinitiv also – als Substantiv gebraucht wird. Dann ist kaum noch etwas Verbales übrig, das meiste am konvertierten Infinitiv verhält sich größtenteils wie ein reguläres Substantiv: Die Form nimmt einen Artikel zu sich, kann (abstrakten) Kasus tragen, durch Adjektive näher bestimmt werden und regiert andere Substantive, indem sie ihnen den Genitiv zuweist: *Das stundenlange Warten der Fans hat sich dann doch gelohnt. Dem lautstarken Applaudieren der Anhänger konnten die Gegner nichts entgegensetzen* usw.

Die wohl undeutlichste Grenze verläuft tatsächlich zwischen deutschen Adverbien und Adjektiven. Immer wieder stehen Schüler, Lehrer und sogar Wissenschaftler vor dem Problem, Wörter wie *schnell, stolz, fleißig* einer Wortart zuzuordnen. Eine Tradition ist, sie generell als Adjektive zu charakterisieren. Dann kommen sie aber in Fügungen vor wie *schnell fahren, fleißig arbeiten, stolz hervortreten*. Hier sind sie für andere dann Adverbien, weil sie ja ein Verb näher bestimmen. Die Ersten sagen in dem Falle jedoch, hier sind sie »Adjektive in adverbialer Funktion«. Dieser Disput soll uns hier nur insofern interessieren, um anzudeuten, wie kurz der Konversionsweg zwischen Adjektiven und Adverbien ist. Die Gratwanderung eines Wortes zwischen Adjektiv und Adverb ist so umstritten wie gewöhnlich. Dass ein Wort dieser Kategorie einmal ein verbales Prädikat und ein andermal ein Substantiv näher bestimmt, könnte kaum systematischer sein. Es spricht also gar nichts gegen die stellenweise Verwendung von *teilweise, schrittweise* und *stufenweise* als Adjektiv. Wogegen allerdings etwas spricht, ist die Sick'sche Aussage:

35

> Wörter, die auf -weise enden, gehören zur Familie der modalen Adverbien, auch Umstandswörter der Art und Weise genannt. (Sick 1, S. 110)

Denn das ist nur die halbe Wahrheit, eigentlich sogar eine Unwahrheit. Es gibt eine mindestens genauso umfassende, wenn nicht gar größere Klasse von nicht-modalen Adverbien auf *-weise*. Modalangaben kann man durch *wie* erfragen. So tatsächlich *schritt-* oder *stufenweise*: *Sie haben die Preise schrittweise angehoben.* (Wie sollen die Preise angehoben werden?) Das ist ein ganz gewöhnlicher Fall: *Er hat dort dumm rumgestanden.* (Wie hat er dort rumgestanden?) *Sie hat komisch gesungen.* (Wie hat sie gesungen?) So etwas ist jedoch unmöglich bei den morphologisch verwandten, aber anders zu kategorisierenden Adverbien auf *-weise*: *dummerweise* oder *komischerweise*. *Er hat dummerweise dort herumgestanden. Sie hat komischerweise gesungen.* Hier bezeichnen diese Adverbien keine Art und Weise des Vorgangs. Man kann demnach zum Beispiel auch komischerweise gar nicht komisch singen oder dummerweise ganz gescheit antworten. Man kann auch glücklicherweise unglücklich verheiratet sein (in den Augen eines Eifersüchtigen) oder ungewöhnlicherweise ganz normal gekleidet sein (zum Beispiel, wenn man Harald Glöckler heißt oder Nina Hagen). Diese Adverbien haben eine andere Funktion, sie geben die Einschätzung des Sprechers zum Sachverhalt wieder. Bei ihrer Bezeichnung sind sich die Grammatiker nicht ganz einig. Einig sind sie sich aber darüber, dass es sich bei ihnen nicht um Modaladverbien handelt. Man kann sie auch nicht mit *wie* erfragen, und kein Sprecher wird sie adjektivisch verwenden: eine *dummerweise Antwort,* eine *ungewöhnlicherweise Kleidung* oder ein *komischerweises Angebot* wird kein Sprecher produzieren. Glücklicherweise! Oder natürlicherweise?

Bastian Sick geht sogar noch weiter und belehrt falsch. Im Zwiebel-Test des zweiten Bandes »Wie gut ist ihr Deutsch?« wird unter Nummer 21 gefragt:

Etwas geschieht auf seltsame Weise. Anders ausgedrückt: [...] c) sonderbarerweise [...].

Dem ist nun gerade nicht so. Wenn etwas sonderbarerweise geschieht, haben wir kein Modaladverb vorliegen. Dann handelt es sich nicht um ein sonderbares Ereignis, um ein geheimnisvolles, unerklärliches, ungewöhnliches, seltsames Geschehen – sondern: Der Sprecher bringt zum Ausdruck, dass in seinen Augen etwas Unerwartetes, also Sonderbares geschehen ist, wobei das Ereignis selbst etwas ganz Normales, Gewöhnliches bezeichnen kann. Wenn etwas sonderbar umherläuft, muss es noch lange nicht sonderbarerweise umherlaufen, wenn jemand sonderbar komponiert, muss er nicht sonderbarerweise komponieren.

So muss die musikalische Welt nach dem Ersten Weltkrieg über Arnold Schönberg gedacht haben, dass der Schöpfer solcher melodisch schöner Werke wie »Verklärte Nacht« und »Gurrelieder« weiterhin komponiert, ist nicht sonderlich erstaunlich. Die nunmehr neuartige Technik der Zwölftonmusik und ihre Wirkung jedoch setzten dem gemeinen Hörer sehr zu. Schönbergs Musik kam den Konzertbesuchern, die Beethoven und Brahms im Ohr hatten, sogar mehr als sonderbar vor. Sonderbarerweise ist einfach kein Modaladverb!

Noch mehr Ungereimtheiten

Genauso wenig sind *über* und *um* Postpositionen! In seiner Kolumne »Streit und kein Ende« (Sick 1, S. 117) macht sich Bastian Sick für den Gebrauch der richtigen Präposition stark. Es müsse heißen *eine Diskussion über* und nicht *eine Diskussion um* oder aber *das Drama um* und nicht *das Drama über* etwas. Damit er dem Leser wieder einmal eine konkrete Liste in die Hand geben kann, schließt er die Kolumne mit einer Zusammenstellung in Tabellenform ab: links Substantiv, rechts »Postposition«. Dass das kein Schüler sieht! Auch wenn die jeweilige Präposition hinter ihrem Regens steht, macht sie das nie und nimmer zu einer Postposition. Obwohl die Sache komplizierter ist, reicht hier das Wikipedia-Zitat:

> Als **Postpositionen** bezeichnet man im Deutschen und anderen Sprachen nicht flektierbare Wörter, die im Gegensatz zu den Präpositionen **hinter** dem Wort stehen, dem sie den Kasus geben:
> – einer Meldung **zufolge** (+ Dativ)
> – der Einfachheit **halber** (+ Genitiv)

Postpositionen vergeben genau wie Präpositionen einen Fall: *über* und *um* vergeben ihren jeweiligen Kasus immer an das Substantiv oder die Substantivgruppe, die folgen. Der Fall, den das vorhergehende Substantiv trägt, ist von der Präposition vollkommen unabhängig:

> *Die Abstimmung über das Gesetz dauerte eine halbe Stunde.* (Nominativ)
> *Das verzögert die Abstimmung über das Gesetz.* (Akkusativ)
> *Mit der Abstimmung über das Gesetz kann noch gewartet werden.* (Dativ)
> *Der Tag der Abstimmung über das Gesetz seht nun fest.* (Genitiv)

Der Denkfehler bei der Namensgebung für die rechte Spalte lag wohl darin, dass die Präposition »nach« (lat.: post) einem Substantiv steht, zu dem sie in gewisser Weise gehört. Das macht sie aber nicht zu einer Postposition, denn das durch *um* oder *über* eingeführte Nomen folgt sofort und die jeweilige Präposition steht wieder da, wo sie hingehört: davor (lat.: prä).

Keine Präpositionen indessen sind *raus, rein, runter, rüber, rauf* und *ran*. Als solche werden sie zwar von Bastian Sick in seinem dritten »Zwiebelfisch-ABC« auf Seite 242 klassifiziert. Es handelt sich aber um Adverbien oder Adverbialpronomen (oder aber um Bestandteile von Verben).

Auch mit der Wortartklassifizierung von *insofern* hat Bastian Sick Schwierigkeiten. Der schon erwähnte »Zwiebelfisch«-Test fragt bei Nummer 29:

Deine Tochter ist dir insofern ähnlich,...
 a. ... dass sie ununterbrochen redet.
 b. ... als sie ununterbrochen redet.
 c. ... weil sie ununterbrochen redet.
 d. ... als dass sie ununterbrochen redet.

Und antwortet dann:

Richtig ist Antwort b. Die Konjunktion »insofern« steht mit dem Korrelat (= Partnerwort) »als«.

Das Wort *insofern* kann tatsächlich auch in die Klasse der Konjunktionen gesteckt werden, aber nicht hier. *Insofern* ist dann eine Konjunktion, wenn es ganz am linken Satzrand eines Nebensatzes steht – so wie es eben für Konjunktionen typisch ist. Dann ist seine Bedeutung auch die einer Konjunktion und meint so viel wie: ›falls‹ oder ›wenn‹. *Er kann gern kommen, insofern er auch die Zeit dazu hat.* In dem von Bastian Sick angeführten Beispiel ist *insofern* ein Adverb, welches mit einem Nebensatz korreliert. Insofern hat Bastian Sick wieder einen Fehler gemacht.

Ähnlich wie bei *außer*. Unter Frage 56 des »Zwiebelfisch«-Tests heißt es: (Sick 3, S. 210)

Alle haben's gewusst, nur der Lehrer nicht. Es wussten also alle außer ...
a. der Lehrer

b. des Lehrers
c. dem Lehrer
d. den Lehrer
Richtig ist Antwort c: Die Präposition »außer« erfordert den Dativ.

Das stimmt zur Hälfte. *Außer* ist jedoch nicht nur eine Präposition. Wie nicht wenige Präpositionen kann *außer* auch als Konjunktion verwendet werden. Der Duden gibt dafür folgendes Beispiel: *Ich habe nichts erfahren können, außer dass sie abgereist ist.* Hier kombiniert sich *außer* nicht mit einer Nominalphrase und hat in dieser Verwendung laut Duden die Bedeutung ›ausgenommen‹. Die Kasuszuweisung ist nun aber ein notwendiges Kriterium, um als Präposition zu gelten. Oft kann man *außer* auch als eine Art koordinierende Konjunktion verstehen, die in etwa ›aber nicht‹ bedeutet: *Es hat die ganze letzte Woche geregnet, außer gestern.* Viele Linguisten gehen dann davon aus, dass hier eine elliptische Konstruktion vorliegt: Der Satz um *außer* herum wird getilgt: *Es hat die ganze letzte Woche geregnet, außer gestern ~~hat es nicht geregnet~~.* Hier kann man keinesfalls von einer Präposition sprechen. Ähnliches gilt bei Vergleichen nach *als* und *wie*: *Er hat öfter gearbeitet(,) als du ~~gearbeitet hast~~.* Hier wird deutlich, dass der Kasus, den das Substantiv trägt, nicht von *außer* oder *als* (bzw. *wie*) bestimmt wird, sondern von dem Satzglied im davor geäußerten Satz, mit dem man es vergleicht oder assoziiert. *Sie ist größer(,) als **du** ~~groß bist~~. Er kennt **dich** besser(,) als ~~er~~ **ihn** ~~kennt~~. Er kennt hier niemanden(,) außer ~~dass er~~ dich ~~kennt~~.* Man kann zwar auch *außer dir* sagen, dann ist *außer* tatsächlich eine Präposition, und die Konstruktion geht nicht auf einen getilgten Satz zurück, der durch eine Konjunktion *außer* eingeleitet würde: *Er kennt hier niemanden außer dir.* In manchen Fällen muss man aber auf die kompliziertere Konstruktion mit getilgtem Nebensatz zurückgreifen, dann nämlich, wenn mehr Satzglieder als lediglich eines zum Vergleich stehen: *Keiner der Kandidaten wusste den Geburtstag einer europäischen Monarchin, außer die spätere Siegerin* ~~wusste~~ *den Geburtstag von Königin Beatrix.* Hier ist der Nominativ hinter *außer* viel besser als der Dativ. Sogar der Duden gibt ein ähnlich gelagertes Beispiel: *Das tut keiner außer ich selbst.* In diesem Sinne ist also Bastian Sicks Antwort nicht vollkommen haltbar: Auch wenn Antwort c vielleicht am besten klingt: Antwort a. *Es wussten alle außer der Lehrer* im Sinne von: *Es wussten alle(,) außer der Lehrer* ~~hat es nicht gewusst~~ ist nicht falsch. Falsch ist die Ausschließlichkeit der Aussage: *außer* ist eine Präposition und erfordert den Dativ. (Das hat sogar Brigitte Grunert in ihrer Kolumne »Keiner hilft uns außer wir selbst« (Der Tagesspiegel vom 18.11.2006) zugeben müssen. Frau Grunert ist der Bastian Sick des Berliner Tagesspiegels und steht ihm in punkto zweifelhafter Aussagen kaum nach.)

Je mehr man darüber nachdenkt

Abb. 1: Auszug aus Gaetano Donizetti, »Der Liebestrank«

Die Konjunktion je steht heute standardgemäß mit den Korrelaten *umso* oder *desto*. (»Zwiebelfisch ABC«, Spiegel online)

Je nun. Hier erweist sich Bastian Sick wieder einmal als dudengläubiger Mensch. Was *je* wirklich ist, interessiert ihn wahrscheinlich kaum. Der Duden klassifiziert es tatsächlich als Konjunktion und andere Grammatiken ebenso – das reicht. Die Sache ist jedoch so simpel nicht. Konjunktionen werden unterteilt in neben- oder beiordnende einerseits und unterordnende andererseits, Letztere auch subordinierende genannt. Diese zeichnen sich dadurch aus, dass sie einen Nebensatz einleiten, der dann mit dem gebeugten Verb endet. Solche unterordnenden Konjunktionen sind z. B. *dass, ob, weil, damit, obwohl (… das wahrscheinlich die meisten wissen)*. Da *je* in der relevanten Bedeutung immer nur innerhalb eines Nebensatzes auftauchen kann, müsste *je* eine unterordnende Konjunktion sein und sich in punkto Wortstellung genau wie diese verhalten. Dazu gehört, dass sie **immer** am Satzanfang (des jeweiligen standarddeutschen Nebensatzes) steht und folglich nie mittendrin. *Weil ein größerer Mann anwesend war, wollte Mathias nicht erscheinen*, niemals: *Ein weil größerer Mann anwesend war …* . Mit einiger Mühe findet man jedoch Gegenbeispiele mit *je*: *Auf je mehr Personen man sich verlässt, von umso mehr Menschen kann man enttäuscht werden* oder *Mit je mehr Frauen er sich einließ, umso schwieriger wurde es für ihn*. Oder aber der im Internet gefundene, etwas anders strukturierte Satz: *Einen je größeren Teil der Gesellschaft die Arbeiterklasse ausmacht, desto enger werden die Schranken der Markterweiterung*. Es zeichnet sich folglich ab, dass *je* mit einer bestimmten Konstituente (Wortgruppe) zusammengehört, aber nicht den Nebensatz einleitet. Darauf deutet auch folgender Umstand hin. Im Süddeutschen kann ein *dass* in einem *je*-Satz auftauchen: *Je mehr Geld dass ich zur Verfügung hab, umso mehr kann ich ausgeben. – Je mehr dass ich nachdenke, desto mehr fällt mir ein*. Niemals können zwei Konjunktionen in einem Satz zugleich stehen.[6] Man kann daraus

---

[6] Außer wenn es sich um komplexe Konjunktionen handelt, wie zum Beispiel *ohne dass, bis dass, (an)statt dass* u. ä. Aber hier müssen diese **immer** eine Einheit bilden und dürfen nicht getrennt sein, wie im Fall *je … dass*.

schließen, dass alles vor dem *dass* die fragliche Konstituente ist, zu der *je* gehört. Für linguistisch Vorgebildete kann hier außerdem noch angeführt werden, dass sich ebendiese Konstituente auch extrahieren lässt; d. h., die fragliche Wortgruppe kann aus ihrem eigentlichen Satz herausgenommen und in den übergeordneten verschoben werden. So etwas ist für ähnliche Konstituenten nichts Besonderes und allgemein bekannt. Konjunktionen aber können das nie: *Je mehr Geld eine Bank will, dass ihre Kunden bei ihr anlegen sollen, umso bessere Zinsen muss sie anbieten.* Außerdem treten die einschlägigen Konjunktionen niemals in Infinitivkonstruktionen auf: *Je mehr Geld sie glaubte, auf dem Konto zu haben, desto mehr gab sie mit vollen Händen aus.*

All das heißt, dass *je* zusammen mit der Wortgruppe, die einen Komparativ enthält, eine Einheit bildet, aber niemals den gesamten Satz einleiten kann.

Das wird auch klar, wenn man sich vergegenwärtigt, dass die im Partnersatz mit *umso* zusammengehörige Wortgruppe semantisch und syntaktisch denselben Status hat wie die mit *je*. Im selteneren Fall, bei dem der umso-Satz dem je-Satz vorausgeht (Sick meint, das sei bisweilen in der Schriftsprache so), kann die umso-Wortgruppe nicht mehr am Satzanfang stehen und man findet: *Sie hat umso mehr Fehler gefunden, je mehr Kapitel sie gelesen hat.* Folglich sind *umso* oder *desto* auch keine Konjunktionen, sondern leiten eine Konstituente wie zum Beispiel eine Substantivgruppe ein. Das wird bei ihnen besonders deutlich, weil sie mitten im Satz auftreten, was Konjunktionen nie tun.

Wenn man versucht *je* in der hier besprochenen Bedeutung in andere Sprachen zu übersetzen, wird man auch feststellen, dass es von einer anderen Kategorie ist als die gewöhnlichen Konjunktionen. Diese lassen sich in der

Regel einfach übersetzen und werden in der jeweiligen Grammatik auch problemlos als Konjunktionen klassifiziert. *Je* auf englisch oder niederländisch wäre *the (more)* beziehungsweise *des (meer)* und kommt somit eher wie ein bestimmter Artikel daher. In den romanischen Sprachen scheint das Element gar nicht ausgedrückt werden zu müssen, da reicht ein *mehr ..., mehr ...* . Im Russischen und Ukrainischen heißt es *tschem*, und das wiederum würde auf deutsch *als* heißen und auch nicht unbedenklich als Konjunktion klassifiziert werden.

Es ist tatsächlich nicht ganz einfach, die Wortart für *je* zu bestimmen. Die beste Lösung ist wohl, es als Partikel zu analysieren. Eine Kollegin – Mathilde Hennig – schlägt für diejenigen, die es genau nehmen (wollen), ›Junktionsausdruck‹ vor.

Wie in vielen anderen Sprachen hat die entsprechende Partikel – wenn man diese Bezeichnung bevorzugt –, also das deutsche *je*, noch weitere Bedeutungen, zum Beispiel in *30 Euro je angebrochene Stunde, je beschäftigte Arbeitskraft*. Da offenbart sich wieder die Kompetenz des Dudens. Hier gibt er an: »Präposition mit Akkusativ«. Da fragt man sich doch, wo man den hier bitteschön ablesen können soll. Da der Duden folgende Beispiele (mit maskulinen Substantiven) selber anerkennt und im selben Atemzug nennt: *je Student, je eingetragener Teilnehmer* ändert er brüsk seine Meinung und sagt: »[...] auch als Adverb gebraucht, dann keine Kasusforderung«.

Wenn das führende Grammatiken sein sollen: O je, o je ...

4 Woher die Vorschriften rühren und was sie uns verbauen

Der seriösen Sprachwissenschaft geht es in erster Linie darum herauszufinden, was Sprecher niemals bilden würden, was sie potentiell bilden (können) und wie dies zu beschreiben, zu charakterisieren und formal nachzuvollziehen ist. Es geht nicht darum vorzuschreiben, was als richtig zu gelten habe und was nicht. In der Linguistik spricht man auch von der präskriptiven oder normativen im Gegensatz zur deskriptiven Sprachwissenschaft. Bastian Sick ist das Paradebeispiel für einen normativen Grammatiker, und er hat seine Fans vor allem auch unter ähnlich orientierten Leuten. Diese Vertreter zielen auf Belehrung über den richtigen Sprachgebrauch, orientiert an historischen, manchmal fragwürdig logischen und vor allem ästhetischen Kriterien. In Anlehnung an das Vorbild anderer Sprachen und an den Sprachgebrauch von Dichtern, Gelehrten und Gebildeten versuchen einzelne Sprachwissenschaftler oder Institutionen (z. B. die *Académie Française* in Paris oder die DUDEN-Redaktion in Mannheim, vielleicht auch die Gesellschaft für Deutsche Sprache e.V., hervorgegangen aus dem Allgemeinen Deutschen Sprachverein) verbindlich zu kodifizieren, was im Sinne sprachpflegerischer Absicht als »guter Stil«, aber eben auch als »richtig« oder »falsch« zu gelten hat. Inzwischen versucht der Duden gar den Spagat zwischen Normierung und Deskription, dem Dokumentieren bestimmter substandardhafter Erscheinungen,[7] vermag aber gewissen selbstgesetzten Zielen nicht besonders glücklich zu entsprechen.

Als Reaktion auf diese Art der Grammatikschreibung versteht sich die nicht regulativ eingreifende, sondern die Vielfalt möglicher Sprachvarianten ohne Wertung kodifizierende Sicht der ›Deskriptiven Linguistik‹ – als Beispiel hierfür der Autor und dieses Buch. Oft geschieht die vorschreibende Manier von Sick, Duden und Co. in der guten Absicht der Sprachpflege (und) mit dem Ziel, etwas gegen den Verfall der Sprache zu tun. Was jedoch ausgelöst wird, ist oft Sprachdünkel bei den einen, die zu meinen wissen, was richtiges Deutsch sei, oder aber Unsicherheit und Minderwertigkeitskomplexe bei den anderen. Sicherlich hat die präskriptive Grammatik eine Existenzberechtigung. Die Menschen – und das sieht man an Bastian Sicks Publikum – haben ein Bedürfnis nach Verbindlichkeit, nach konkreten Vorgaben,

[7] Hier ein Zitat aus dem Vorwort zur Duden-Grammatik (vierte Auflage von 1984 Vorwort, übernommen dann im Vorwort zu fünften Auflage von 1995): »Dem Umstand, daß das sprachliche System nicht homogen und stabil ist, versucht die Duden-Grammatik durch eine differenzierte, der unterschiedlichen Strukturiertheit entsprechende Darstellung und eine offene Norm gerecht zu werden. Sie beschreibt primär, sie führt die Breite des Üblichen vor, verschweigt nicht konkurrierende Wortformen und Verwendungsweisen, sondern erläutert sie, und sie achtet darauf, daß Sprachgebrauch und kodifizierte Norm nicht auseinanderklaffen. Das Bekenntnis zu einer grundsätzlich deskriptiven Orientierung bedeutet auf der anderen Seite keinen Verzicht auf normative Geltung – diese ergibt sich überdies bereits aus der Kodifizierung der Standardsprache! Die Duden-Grammatik führt somit die sprachkulturelle Aufgabe fort, sie bleibt nicht bei der Deskription stehen, sondern klärt – im Rahmen wissenschaftlich begründeter Sprachpflege – auch Normunsicherheiten und wirkt den Zentrifugalkräften in der Sprache entgegen. Die Legitimation dazu leitet sie aus der Überzeugung ab, daß eine Sprachgemeinschaft eine über regionale, soziale, berufliche und andere Schranken hinweg verständliche, in der Schule lehr- und erlernbare Sprache braucht.«

nach denen man sich richten können soll und muss, nach Klarheit. Aber klar ist eben auch, dass immer Zweifelsfälle bleiben. Die einen müssen selbst Duden, Sick und Co. zugestehen, die anderen werden gegen jeglichen Blick für die Realität auszuräumen versucht. Wir werden noch sehen, wie weit und wie unvernünftig das im »Zwiebelfisch« be- und getrieben wird. Der Sinn der normativen Grammatik sollte sein, wesentliche Aussagen über eine verbindliche Verwendung von Sprache zu machen. Es sollten Hinweise gegeben werden, was als angemessen anzusehen ist, wenn Sprache im öffentlichen Leben verwendet wird – also wie Nachrichten verlesen werden dürfen, wie Gesetzestexte zu formulieren sind, welches Deutsch in Schulbüchern verwendet werden sollte. Es darf aber keinesfalls das Sprachbewusstsein der Menschen dahingehend schärfen und zementieren, dass man jemanden mit Verachtung straft, wenn er oder sie bei Vergleichen *als wie* verwendet. Woher nimmt man das Recht und das Selbstbewusstsein, das zu tun? Wer und was ist hier der Maßstab? Immerhin hat auch Goethe so gesprochen, der doch wohl als größter deutscher Dichter eine Instanz für die Normierer ist. Welcher Verfall also wäre zu beklagen, wenn man so redete, wie Goethe schrieb?

Zugegeben, auch mich beschleicht bisweilen ein komisches Gefühl des leicht Angewidertseins, wenn ich jemanden so reden höre, ein Gefühl, das mit Sicherheit fast alle Sick-Leser kennen. Man unterstellt dem Sprecher unwillkürlich eine gehörige Portion Dümmlichkeit. Das aber ist oft un- und selbstgerecht. Häufig zwingt uns die normative Grammatik sprachliche Konstrukte auf, die eigentlich gegen den gesunden Menschenverstand gehen; soll heißen, es werden Wörter oder Konstruktionen zur Regel erhoben, die im ersten Moment (und eigentlich auch nach ganz reiflicher Überlegung) jeglicher sprachlichen Intuition zuwiderlaufen. Ein Beispiel ist das Verb *lehren*. Wenn man ehrlich ist, empfindet man den doppelten Akkusativ als gewöhnungsbedürftig (Sie lehrte ihn mich. = Sie brachte mir den Tango bei.) Selbst die Duden-Auflage aus dem Jahr 1973 bezeichnet den doppelten Akkusativ als »an sich unmöglich«. Hans Glinz, ein normativer Grammatiker mit einem Standardwerk von 1952, nennt diese Konstruktion ganz richtig »willkürlich« und Heide Wegener, eine etwas weniger eifrige Normiererin und sehr gute Beobachterin der deutschen Sprache, ganz besonders der Verben mit zwei Objekten, nennt den doppelten Akkusativ in ihrem Grammatikbuch von 1985 einen »Unglücksfall der deutschen Sprache«. Die, die sich dann doch daran gewöhnt haben, rümpften die Nase über das ›Stoiberdeutsch‹, als der damalige bayerische Ministerpräsident, *den Ausländern richtiges Deutsch lernen wollte.* (So Bastian Sick in seiner Kolumne: »Hier werden Sie geholfen!« (Nachzulesen in Sick 2, S. 145f.) Dennoch, so richtig glatt fügt sich die Realisierung der beiden Objekte im Akkusativ nicht in die übliche Kasusmarkierung des Deutschen ein. Irgendwie wirkt dieses Verb wie ein Fremdkörper, was die Realisierung der Fälle betrifft, und nachweislich haben Kinder im Spracherwerb gerade mit diesem Verb größte Schwierigkeiten.

Ähnlich ist es wohl mit der *Einkommensteuer,* dem *Schadenersatz* und dem *Schafkäse.* Johannes B. Kerner hat in einer Sendung seine Gastköche und das Publikum belehrt, dass es so heißt. Er habe nachgeschaut. In dieser Beziehung plädiert sogar Bastian Sick für weniger Normativgängelei und setzt sich dafür ein, zusammengesetzten Wörtern ein <s> zu verpassen, wenn es sich dadurch »besser anhört«. Und vielen Menschen kommt es leichter über die Lippen, wenn ein Fugen-s die beiden Bestandteile Schaf und Käse verbindet, und warum soll dann nur *Schafkäse* richtig sein. Und nur weil *Hundesteuer* und *Lohnsteuer* nicht *Hundessteuer* und *Lohnssteuer* heißen, soll man auch kein <s> beim Einkommen empfinden dürfen? Diese Logik ist zu kurz. Man mag es nicht glauben, aber die intuitiven Regeln für das sogenannte Fugenelement haben Stoff für ganze Doktorarbeiten geliefert – und da kommt jemand daher und legt gegen das Sprachgefühl der Mehrheit fest, wie es einzig und allein zu heißen hat. (Zum Fugenelement später mehr, Kapitel 7: »… oder die Kunst der Fuge«.)

Und dann das Substantiv *Pilger*.

> Prompt las man von »Pilgerern«, die zu Tausenden nach Rom strömten […]. Ein Fehler, der übrigens immer wieder auftaucht und selbst renommierten Tageszeitungen unterläuft […]. Es heißt »die Wanderer«, aber nicht »die Pilgerer«. Ein schlichtes »Pilger« genügt uns, sowohl im Singular als auch im Plural. (Sick 2, S. 216f.)

Aber warum taucht dieser »Fehler« auf? Bezeichnungen von Personen, die etwas tun, oder manchmal auch von Gerätschaften, leiten sich vom jeweiligen Tätigkeitswort ab, indem die Verbendung (z. B. -*en*) weggenommen und dann die er-Endung angehängt wird: So verhält es sich bei *arbeiten* (~~arbeiten~~ + *er*) *Arbeiter, geben – Geber, drucken – Drucker, fahren – Fahrer* usw. Manchmal kommt es dabei zum Ablaut (Änderung des Vokals) *tanzen – Tänzer, singen – Sänger.* Einige Verben haben im Infinitiv keine en-Endung, sondern nur ein <n>, unter anderem dann, wenn die vorausgehende Silbe schon ein <er> enthält: *verbessern, zaubern, fordern, erobern.* Hier wird dann nur das <n> weggestrichen, sonst ist der Prozess der gleiche: *zaubern – Zauberer, verbessern – (Welt-)Verbesserer, (Her-*

*aus-)Ford**erer**, erobern – Erob**erer**.* Das Resultat ist derart, dass das abgeleitete Substantiv immer auf Doppel-<er> (-**erer**, in den Beispielen jeweils fettgedruckt) endet und nicht auf bloßes <er>: also nicht *Zauber, Erober, Herausforder* oder *Verbesser*. Ein Verb, das nun in diese Klasse gehört oder gehören müsste, ist *pilgern*. Die Regel – angewandt auf dieses Tätigkeitswort – liefert dann *Pilgerer*. Nur hier haben der Duden und die Sprachpfleger etwas dagegen. Sie erheben sich über die allgemeine Regel, über Sprachgefühl und Sprachwirklichkeit gleichsam, und schaffen es so, ein natürliches Produkt unserer Grammatik zum Unding zu erklären.

Die normative Grammatik hat eine solche Lobby, dass sie weitere, eigentlich positive Erscheinungen verbietet, somit die Sprache kurz hält und uns Deutsche um manche Ausdrucksmöglichkeiten bringt, die in gewisser Weise in unserer Sprache angelegt sind. Das soll ganz kurz skizziert werden.

Wer stutzte etwa nicht bei den berüchtigten Konstruktionen: *(dem) Vater sein Auto* oder etwa *(der) Petra ihre Bücher*? Die Sprachnormierer schaffen es, dass diese Wortverbindungen als übelstes Deutsch gelten, ja eigentlich gar kein Deutsch sind. (Komischerweise geht der Duden mit dieser Konstruktion vergleichsweise milde um.) Egal: Auch ich versuche, diese Art des Besitzanzeigens zu vermeiden und bekomme dieses, schon einmal im Zusammenhang mit *als wie* beschriebene, Gefühl des: ›Wie redet der denn?‹ oder ›Ob die überhaupt in der Schule war?‹. Ja, auch bei mir ›tolerantem Versteher‹ kommt unwillentlich diese Emotion des Sprachekels auf und damit einhergehend eine gewisse Arroganz der Gewissheit: Der oder die wissen es nicht besser – ich schon. Dabei liefert uns diese Konstruktion, wie sogar eine Expertin vom Institut für Deutsche Sprache in Mannheim öffentlich festgestellt hat (Prof. Gisela Zifonun), eine ganze Reihe von Vorzügen, die die von Herrn Sick und Co. und all denen mit Sprachekel favorisierte Genitivvariante nicht aufzuweisen vermag. Zum Beispiel muss man feststellen, dass die normative pränominale Genitivkonstruktion lediglich für Eigennamen und maximal Verwandtschaftsbezeichnungen problemlos funktioniert: *Bastians Ziel, Großmutters Kuchen, Londons U-Bahn*. Nimmt man ein ganz ›normales‹ Substantiv, muss man eine andere Wortstellung wählen. Der dann etwas andere Genitiv steht in dieser Konstruktion nun dahinter: *die Fragen des Reporters, der Geschmack der Suppe*, nicht *des Reporters Fragen* und schon gar nicht *der Suppe, Suppe's*, oder gar *der Suppes Geschmack*. Die Dativkonstruktion macht die pränominale Stellung, also die Position vor dem Substantiv, problemlos mit: *dem Reporter seine Fragen, der Suppe ihr Geschmack* – wenn auch um den Preis der allgemeinen Verachtung. Mit dem für gut geheißenen und für schön befundenen Genitiv lässt sich also weniger bilden, eigentlich ein echter Nachteil, der, wenn er erbarmungslos, also ohne die arterhaltenden Mühen der Sprachpfleger, in die biologischen Mühlen des Darwin'schen Überlebenskampfes geriete, zum Aussterben führen würde. Ebenso wie eine weitere, oder besser, fehlende Eigenschaft. Ein grundlegendes Charakteristikum von Sprache ist Rekursion, d.h.: bestimmte Regeln können unbegrenzt, beliebig oft angewendet werden. Zum Beispiel die Erweiterung eines Substantivs durch Adjektive: *eine schöne, runde, unglaubliche, aber dennoch wahre ... Geschichte*; oder die Einbettung von Sätzen in andere: *Peter meint, Maria denkt, Hans glaube, ... Eva wisse, dass niemand immer Recht hat.*

Eine ähnliche Version steht der Dativ-, nicht aber der Genitivkonstruktion zur Verfügung. Wieder natürlich um den Preis des Sprachekels, aber theoretisch möglich ist: *dem Peter seiner Hose ihre Farbe, dem Vater seiner kleinen Lara ihr Geburtstag,* nicht aber *Peters Hoses Farbe* und auch nicht *Vaters kleiner Laras Geburtstag.* Hinzu kommt, dass durch die grammatische Kongruenz von Dativnomen und dem besitzanzeigenden Pronomen die Konstruktion eindeutig wird, was ein entscheidender Vorteil ist oder sein müsste. Die Genitivvariante *Schmidts Katze* ist ambig, also doppeldeutig: Es kann die Katze von einem Einzelnen mit dem Namen Schmidt sein, also eine Alternativversion zu *die Katze von Schmidt.* Es kann aber auch die Katze von mehreren Schmidts, sagen wir einer mehrköpfigen Familie mit Nachnamen Schmidt, sein und somit die Alternative zu *die Katze von (den) Schmidts.* Die unschöne Dativkonstruktion ist von Anfang an eindeutig. Da heißt es im ersten Fall: *(dem) Schmidt seine Katze,* im zweiten: *(den) Schmidts ihre Katze.* Man möge mich nicht falsch verstehen: Es soll hier nicht empfohlen werden, die Dativkonstruktion stets und ständig zu verwenden, ich möchte aber zeigen, dass es im nicht-hochsprachlichen Bereich Erscheinungen gibt, die sehr gut und zuweilen besser funktionieren, als das, was uns normative Grammatiken aufoktroyieren (um ein von Bastian Sick verpöntes Wort zu verwenden). (Sick 3, S. 121) Der selbständige Organismus (deutsche) Sprache bietet uns etwas an, aber die operationsfreudigen Sprachpfleger amputieren es lieber. Anderenorts setzen sie Fremdkörper ein, ähnlich wie kosmetische Chirurgen mit fragwürdigen Schönheitsidealen (siehe oben). Eigentlich hätte die Dativkonstruktion eine Chance verdient. Sie kommt nicht nur äußerst gern in der »unteren« deutschen Umgangssprache vor – auch bei fast allen unseren germanischen Nachbarn: Die Niederländer und Skandinavier haben mit ähnlichen Sachen bei gleich gearteten Konstruktionen zu kämpfen. Auch die Generationen vor uns kannten den besitzanzeigenden

Dativ. Die Konstruktion ist nicht neu und auch nicht erst seit kurzem im Begriff, den Genitiv auszurotten. Wie fast jedes Kind weiß, kündigt die Märchengestalt Rumpelstielzchen schon jahrhundertelang ihren Entführungsplan mit den Worten an: »[...] heute back ich, morgen brau ich, übermorgen hol ich *der Königin ihr Kind*; ach, wie gut, dass niemand weiß, dass ich [...]«. Wir können es also mit Chiron aus dem zweiten Teil der einschlägigen Goethe'schen Tragödie halten, wenn er zu Faust Folgendes sagt: »Ich seh', die Philologen, / sie haben dich so wie sich selbst betrogen [...]«.

5 Geh nie tief in Sprache und Grammatik

Im ersten Kapitel des dritten Bandes, es geht wieder einmal um Sicks Lieblingsfall, den Genitiv, offenbart sich die sickspezifische Diskrepanz zwischen Deutschliebe und Englischablehnung in ihrer Absurdität besonders:

> Selbst Linguisten sehen keinen Grund, dem Genitiv nachzuweinen. Andere Sprachen kämen ja auch ohne Wes-Fall aus. Das stimmt natürlich. Doch müssen wir uns andere Sprachen zum Vorbild nehmen? Dann könnten wir das unbequeme Deutsche doch gleich ganz abschaffen und Englisch als Landessprache einführen. (Sick 3, S. 16)

Wenn sich im Englischen ein Kasus (halbwegs) erhalten hat, dann ist das der Genitiv! Gerade die von Sick so gelobte pränominale s-Konstruktion: *Manfreds Theorien, des Wissenschaftlers Bücher* sind im Englischen ganz normale Ausdrücke, normaler als im Deutschen. Und wenn der Genitiv nicht noch schneller verschwindet, als es den Anschein hat, dann wage ich die Hypothese, dass das auch am nicht zu leugnenden Einfluss der englischen Sprache liegt. Der Dativ (der dem Genitiv sein Tod ist) ist eigentlich viel »deutscher« – wenn man so will (siehe vorausgehendes Kapitel). Deshalb nennt man diese Art der Besitzanzeige auch eigentlich den **angelsächsischen** Genitiv, nicht (nur) wie Bastian Sick es seinen Lesern weismachen will:

> Die Sprache steckt nicht nur voller Missverständnisse, sondern auch voller Ironie und bisweilen unfreiwilliger Komik. Dass der Genitiv mit dem »s« am Ende ausgerechnet als

»sächsischer Genitiv« bezeichnet wird, erscheint geradezu absurd. Denn mit dem Genitiv hat das Sächsische heute nicht mehr viel zu tun. (Sick 3, S. 17)

Das Sächsische – bei dem wir an Katarina Witt oder Michael Ballack denken – wohl nicht, aber eben das Angelsächsische oder eben das Englische, was dieselbe Wurzel hat wie das *angel-* in angelsächsisch.

Voller Ironie, Absurdität und sicherlich unfreiwilliger Komik strotzt Bastian Sicks als Sprachpflege verstandene Kolumne, wenn sie immer wieder Konstruktionen anpreist, die eigentlich »englischer« sind als »deutsch«. Dazu gehören ebendieser angelsächsische Genitiv, aber auch die einfache Vergangenheit (Past bzw. Präteritum) oder der Satzbauplan: Subjekt > Prädikat > Objekt. Dass der Dativ bei der Besitzanzeige, die Verwendung von Perfekt zum Ausdruck der einfachen Vergangenheit oder Sätze, die nicht mit dem Subjekt beginnen, deutschtypische Eigenschaften unserer Muttersprache stärken und zementieren und sie dadurch vom Englischen unterscheiden, scheint Herrn Sick entweder nicht bewusst oder egal zu sein. Wir werden deshalb hin und wieder auf diese Konstruktionen zu sprechen kommen und dabei ein anderes Lied anstimmen als das von Bastian Sick. (Kapitel 13: »Von der Wehrhaftigkeit der deutschen Sprache«) Wessen Brot isst Bastian Sick eigentlich?

Und noch mehr zum Genitiv

Und immer wieder hört man von den »Terroranschlägen des 11. September«, statt »des 11. Septembers«. Wenn man die Verursacher des September-s-Wegfalls fragt, was sie dazu veranlasst habe, so antworten die meisten, die Form ohne »s« klinge in ihren Ohren »irgendwie richtiger«. Begründungen, die das Wort »irgendwie« enthalten, die also irgendwie so aus dem Bauch heraus entstanden sind, sind irgendwie nicht richtig überzeugend. Natürlich muss es

»des 11. Septembers« heißen [...]. Der Verzicht auf die Genitivendung bei Fremdwörtern wird vom Duden als falsch
bezeichnet. (Sick 2, S. 66f.)

Bei Fremdwörtern allgemein – das mag sein, aber hier
handelt es sich um mehr als das, nämlich um einen
Eigennamen in nachgestellter Position, und ein solcher
kommt gewöhnlich auch im nachgestellten Genitiv ohne
das <s> aus: Mozart schrieb eine Oper, die auf deutsch
»Die Hochzeit des Figaro« heißt (oder »Figaros Hochzeit«), Bertolt Brecht verfasste ein Theaterstück »Der
aufhaltsame Aufstieg des Arturo Ui« und Mark Twain
den Roman »Die Abenteuer des Huckleberry Finn«. Eine
Recital-CD des italienischen Tenors Giuseppe di Stefano,
der wohl wichtigste Partner von Maria Callas, listet auf
der Rückseite (unter anderem) folgende Gesangsstücke
auf: »Arie des Rodolfo« – »Tod des Otello« – »Romanze
des Enzo« – »Erzählung des Johnson« – »Gebet des
Giuliano« – alles ohne finales <s>! So weit zur Beugung
von Personen; aber nicht nur die tragen ihren eigenen
Namen. Auch bestimmte Daten werden zu einem Begriff,
sie ragen heraus aus dem Lauf der Zeit, wenn sie mit
einem bestimmten historischen Ereignis in Zusammenhang gebracht werden, was beim 11. September (seit
2001) zweifelsohne der Fall ist. Ähnliches gilt für den
17. Juni, und so gibt es in Berlin eine *Straße des 17. Juni*
(und keine des 17. Junis), in Wien gibt es eine *Straße des
1. Mai* (nicht Mais). Und wenn man den Übersetzungen
glaubt, dann hat Madrid einen *Platz des 2. Mai*, Las Palmas
eine *Straße des 29. April* und Bagdad eine *Brücke des 14.
Juni* – immer ohne <s>.

Die Gründe für den s-Wegfall sind hier ähnliche wie
im Kapitel 2.1 (»Formen der Gleichberechtigung«). Die
Wortgruppe *des elften Septembers* ist dennoch durchaus
möglich und grammatisch. Dann liegt aber eine andere

Interpretation näher, nämlich eine, bei der das Wort September keine Eigennamenbedeutung hat. So zum Beispiel könnte bei einer 30 Jahre dauernden Wetterstudie, in der alle Jahre, Monate und Wochen erst einmal vollkommen gleichberechtigt nebeneinander stehen, ein verantwortlicher Meteorologe nach Abschluss des Projektes sagen: *Die Durchschnittstemperatur des elften Septembers war die höchste (aller Herbstmessungen)*. Diesen Unterschied haben wohl auch die von Bastian Sick befragten s-Weglasser intuitiv gemacht.

Außerdem sind wir durch Sicks Behauptung auch gleich bei einer anderen ganz brennenden Frage der gegenwärtigen Sprachwissenschaft: Welche sprachlichen Gebilde – seien es Wörter, Wortverbindungen oder ganze Sätze – können als wohlgeformt gelten? Also: Welche Konstruktionen sind grammatisch? Hier gibt es zwei Hauptlager. Die einen verlassen sich allein auf ihre eigene sprachliche Intuition. Gemäß der Chomsky'schen These vom kompetenten Sprecher, der in der Kindheit seine Muttersprache erworben hat, verfügt jeder geistig gesunde Mensch über ein untrügliches Vermögen, grammatische Strukturen von unzulässigen zu unterscheiden. Nun hat sich jedoch herausgestellt, dass es bei verschiedenen, weniger gebräuchlichen Wörtern und Wendungen verschiedene Urteile bei unterschiedlichen Sprechern gibt, und dass selbst ein und derselbe Sprecher in seinem Urteil schwankt. Empiriker verlangen daher eine Objektivierung der eher subjektiven Intuition. Da gibt es einerseits die Verfechter von Korpusstudien, die ein sprachliches Faktum erst dann als gesichert ansehen, wenn es genügend oft in produzierten und archivierten Texten nachgewiesen werden kann. Anders orientierte Linguisten dagegen verlangen Tests mit möglichst vielen Sprechern. Erst wenn genügend viele Probanden zu so und so viel Prozent ein sprachliches Datum im Rahmen

eines Experiments bestätigen, kann man davon ausgehen, dass die fragliche Struktur grammatisch ist. Die Intuition ist damit aber nicht abgeschrieben, sie ist auch bei
den ›strengeren‹ Sprachforschern der Ausgangspunkt
für eine These. Das, was Bastian Sick als Bauchgefühl
ablehnend hinstellt, ist für echte Sprachwissenschaftler
immer das Interessante gewesen. Kein vernünftiger Lin-
guist wird die sprachliche Intuition einer Vielzahl von
Sprechern geringer achten als eine halbherzige Duden-
Regel. Bastian Sick sieht das anders, so nach dem Motto:
›Grammatisch ist, was im Duden steht.‹ Geh nie tief in
die Grammatik, weil es da tiefer geht, als dem Duden
lieb und der normativen Grammatik teuer ist (frei nach
seiner Regel auf S. 21, Sick 2).

6 Über Übergänge und Quatsch mit rosaroter Himbeersoße

In den vorangegangenen Kapiteln sind unter anderem zwei wesentliche Bereiche der Wortschatzerweiterung diskutiert worden: einerseits die Konversion, also die Wortartänderung, und andererseits die Übernahme fremder Wörter aus anderen Sprachen. Beide Prozesse, die man durchaus als Entwicklung begreifen kann, erfolgen in der Regel schrittweise. Oft findet sich ein Wort in einer uneindeutigen Position, wo es als sowohl der einen als auch der anderen Wortart zugehörig interpretiert werden kann, so zum Beispiel in einem Satz mit dem Verb *sein*. Einmal kann das Prädikativ ein Substantiv, ein andermal ein Adjektiv sein: *er ist Lehrer* oder *er ist fleißig*. Viele ursprüngliche Substantive sind dadurch uminterpretiert und dann auch umklassifiziert worden: *Ernst, Elend, Barock, Schuld, Schade* und liegen inzwischen auch als Adjektive vor: *ernst, elend, barock, schuld, schade*. Einige davon sind inzwischen so adjektivisch, dass sie alles können, was ein prototypisches Adjektiv können sollte. Sie kommen nicht mehr nur in Kopulasätzen mit *sein* vor, sondern treten in attributiver Stellung zusammen mit einem Substantiv auf: *ein ernstes Problem, ein elendes Vorgehen*, oder aber sie können gesteigert werden, was nur Adjektiven oder – eingeschränkt – Adverbien möglich ist: *das Problem ist viel ernster, die elendste Verballhornung*. Andere von Substantiven abstammende Adjektive sind weniger konvertierfreudig und lassen sich Zeit oder werden nie ganz und gar adjektivisch:

ein schader Vorfall oder *sie ist schuldest* lassen sich nicht bilden. Derzeit wird in der Jugendsprache eine ganz vergleichbare Umkategorisierung beobachtet. Diese betrifft oft obszöne Substantive wie *Mist, Scheiße, Kacke, Müll, Panne*, aber auch neutrale wie *Hammer, Sahne, Kult, Spitze*. Diese Wörter nehmen immer mehr Eigenschaften von Adjektiven an, was in diesem Fall kein besonders schöner, aber ein ganz natürlicher Prozess ist.

Etwas sehr Vergleichbares beobachtet man mit Fremdwörtern, die etwas komplexer sind. Ob englischstämmige Verben wie *downloaden* oder *outsourcen* nun besonders geglückt, nötig und willkommen sind, sei dahingestellt. Fakt ist, es gibt sie, und auch der Gesellschaft für Deutsche Sprache wurde die Frage nach deren Konjugation gestellt. Solche Verben findet man zuerst in Positionen, wo sie als Einheit auftreten, d.h., sie werden vornehmlich als Infinitive oder Partizipien gebraucht: *Das muss ich noch downloaden* anstatt des wahrscheinlich wirklich besseren *Das muss ich noch (he-)runterladen*. Nun hat man zuweilen das Bedürfnis, eine einfache Zeitform zu benutzen und kommt dann in die Verlegenheit, wie man verfahren soll. Man hat als Deutschsprecher die innere Stimme, die einem sagt, dass es sich bei solchen Verben um komplexe Wörter handelt, die aus einer Verbwurzel und einer Vorsilbe, Präfix genannt, zusammengesetzt sind. Bei ›normalen‹ deutschen Verben verfährt man so, dass man nur den verbalen Teil an seine vordere Position stellt und die Vorsilbe am Satzende stehen lässt: *Ich **mache** das Buch **zu*** oder *Ich **sortiere** die besten Sachen **aus***. Wie aber soll man es mit den englischstämmigen Verben halten? Die geringsten Skrupel hat man bei denen, welche eine ähnlich klingende und bedeutungsnahe deutsche Vorsilbe haben: *abchecken (to check up), einchecken (check in)*. Da sagt man leicht: *Ich **checke** das mal schnell **ab*** oder *Wir **checken** gerade **ein***. Das hilft dann auch beim letzten Schritt, nämlich der Unterwerfung der ›Fremd-körperverben‹ unter die Gesetze des deutschen Satzbaus mit der Folge, auch etwas weniger vertrauliche Präfixe von ihren Verbwurzeln zu trennen. Und obwohl man beides hört: *Ich downloade das gerade* und *Wir outsourcen das demnächst mal*, sind diese beiden Varianten häufiger: *Ich **loade** das gerade **down*** oder *Wir **sourcen** das demnächst **out*** oder auch *aus*. Entsprechend fiel die Empfehlung des Sprachrates aus.

Bei der orangen(en) Orange kommt nun beides zusammen. Zum einen ist das involvierte Adjektiv ein Konvertit, stammt also vom Nomen *Orange* ab, zum anderen kommt es eigentlich schon als Fremdwort, nämlich als französischstämmiges Adjektiv, ins Deutsche. Und wenn so etwas vom gemeinen Sprecher – nicht von den Sprachhütern – als gut befunden wird, wird das Wort schließlich auch so in die Sprache integriert und behandelt, dass es sich nicht mehr fremd fühlt und anfühlt. Im Moment verweigert der Duden noch die Einbürgerungsurkunde, aber wie in der Realität schafft man sich als Machthaber auslegbare Ausnahmedeklarationen. Neben *orange* als nicht beugbarem Adjektiv lässt der Duden *orangen* mit dem Beispiel: *Der Himmel färbt sich orangen* zu. Dieses *orangen* ist nicht mit einem Flexionsverbot versehen. Was soll nun der Duden-Konsultierer daraus schließen? Das ist höchst nebulös. Die Realität ist derart, dass die Ukrainer eine orangene Revolution gestartet (und durchgeführt?) haben. Die meisten Medien nennen sie jedenfalls so. Der Deutschlandfunk sendete einen Beitrag zur Zauberei und Phantastik während der »orangenen Revolution«, die Landeszentrale der politischen Bildung Baden-Württemberg gab eine Broschüre mit dem Titel »Nach der Orangenen Revolution« heraus. Die Zeit und das Auswärtige Amt nennen sie ebenfalls so. Und auch eine der nächsten Duden-Auflagen wird das wohl akzeptieren. Bastian Sick, der sich auf ebendiesen beruft, muss dann hoffentlich seine Kolumne »Sind rosane T-Shirts und lilane Leggins erlaubt?« umschreiben.

7

oder die Kunst der Fuge

An verschiedenen Stellen geht es bei Bastian Sick um das sogenannte ›Fugenelement‹. Manche Grammatiker bezeichnen das »Scharnier«, das bei einer Wortzusammensetzung (Komposition) zwei Wörter miteinander zu einem neuen verbindet, auch als Fugenmorphem. Da man aber keine sinnvolle Bedeutung für diese ein bis zwei Laute auszumachen vermag, plädieren viele Sprachwissenschaftler eben für den Begriff Fugenelement. Es geht also um das <s> in *Dreieck-s-beziehung*, das <n> in *Brille-n-glas* oder um das <er> in *Gespenst-er-stunde*. Die s-Fuge wird im Kapitel »Bratskartoffeln und Spiegelsei« (Sick 1, S. 100ff.) besprochen, die n-Fuge in »Als ich noch der Klasse Sprecher war« (Sick 3, S. 150ff.), die er-Verbindung in der Kolumne »Rindswahn und anderer Schweinekram« (»Zwiebelfisch« vom August 2007). Vor allem in der zuletzt genannten Diskussion macht Bastian Sick einen Fehler, den wahrscheinlich jeder Morphologielehrer von den Studenten aus seinen eigenen Seminaren kennt. Er versucht, dem Fugenelement eine grammatische Bedeutung zuzuordnen. Zugegeben, es sieht auch auf den ersten Blick so aus, als sei das *-s* oder *-es* eine Genitivendung: *der Tagesanbruch* scheint *des Tages Anbruch* zu sein, *die Manneskraft des Mannes Kraft*. Begriffe wie *Liebesbeweis* oder *Unionspolitikerin* sagen uns aber, dass dem nicht ohne weiteres so sein kann. Der Genitiv von Liebe ist nicht *Liebes*, weder *der* noch *des Liebes* – und der von Union nicht *Unions*. In seiner Diskussion über

Rinderwahn und Rindfleisch behauptet Bastian Sick:

> Mal wird die Zusammensetzung also von der Einzahl »Rind«
> gebildet, mal von der Mehrzahl »Rinder«. Das kann daran
> liegen, dass mit dem Wort »Rind« sowohl ein einzelnes Tier
> als auch die ganze Art gemeint sein kann […].

In einem 2005 erschienen Artikel[8] warnt Heide Wegener
vor der Pluraldeutung des -er:

> Die Fugenelemente sind ein Paradebeispiel dafür, dass man
> manchmal ohne historisches Wissen, ohne Kenntnis frühe-
> rer Sprachstufen nicht auskommt und zu hoffnungslosen
> Fehldeutungen verleitet wird.

In dem Artikel wird darauf hingewiesen, dass es im Alt-
hochdeutschen schon Fugenelemente gab, die einschlägigen heutigen Pluralmorpheme aber erst später entwickelt
wurden. Jacob Grimm – einer der beiden Märchen sam-
melnden Brüder – erkannte den uralten germanischen
Drang, bei Wortzusammensetzung ein Verbindungsele-
ment dazwischen zu schmuggeln und nannte die meist
selbstlautenden Scharniere »compositionsvokale«. Diese
Elemente (sogenannte Stammbildungssuffixe) entwickel-
ten sich später in zwei Richtungen: (1) sie wurden (oder
blieben innerhalb von Komposita) Fugenelemente, oder
(2) sie wurden zu echten Pluralmorphemen; dann hatten
und haben sie tatsächlich die Bedeutung Mehrzahl. Nicht
so aber zum Beispiel bei *Hühnerei*. Ein einziges Ei kann
nur von einem Huhn stammen. Eine Henne reicht hier
aus – man braucht dazu auch keinen Hahn! Auf einer
Bischofskonferenz erwarten wir jedoch mehrere geistige
Würdenträger – ein noch so egomanischer Kirchenver-

---

[8] »Das Hühnerei vor der Hundehütte: von der Notwendigkeit his-
torischen Wissens in der Grammatikographie des Deutschen«. In:
Berner, E.; Böhm, M.; Voeste A. (Hgg.): Ein gross und narhafft haffen:
Festschrift für Joachim Gessinger. Potsdam: Univ.-Verlag. 2005.

treter allein kann keine Konferenz abhalten, in einem *Ortsverzeichnis* suchen wir mehr als nur eine Stadt oder ein Dorf und bei der *Anwaltskammer* findet man mehr als nur einen Advokaten – und trotzdem heißt es nicht *Anwältekammer*. Ähnlich vermuten wir auf einem *Apfelkuchen* mehrere Früchte, auch wenn es nicht *Äpfelkuchen* heißt. Beim *Pflaumenkuchen* könnte man richtig liegen, beim *Kirschkuchen* wieder ganz falsch. Das *-en* in *Pflaumenkuchen* ist aber genauso wenig ein Mehrzahlanzeiger wie das *-en* in *Sonnenaufgang*, *Sonnencreme* oder *Sonnenbrille*. Hier sehen wir ganz deutlich, dass das *-en* kein Plural sein kann: Es gibt nur **eine** Sonne. (Hier zählt kein astronomisches Wissen über die Vielzahl von Sonnensystemen und den dortigen unzähligen Sonnen.) Jedenfalls gibt es nur eine Sonne, die morgens aufgeht, nämlich die eine, vor der man sich mittels Creme oder Brille schützen müsste. Etwas Vergleichbares beobachtet selbst Bastian Sick, wenn er darauf hinweist, dass der Schwan keine *Schwäneeier* legt, sondern *Schwaneneier*, auch ein einziger Hahn hat einen *Hahnenkamm* und keinen *Hähnekamm*, ein Fasan verliert während der Mauser mehr als eine *Fasanenfeder* und keine *Fasanefedern*. Dieses *-en* geht, wenn überhaupt, eher auf eine alte Fallendung denn auf einen Mehrzahlanzeiger zurück. Auch gibt es nur unsere eine Erde, aber selbst der Duden kennt den oder die *Erdenbürger*, das *Erdenglück* und das *Erdenrund*.

Sprachpedanten wollten sich im Expertenforum kundig machen und fragten nach der allein gültigen Form: *Ehrenbezeugung* oder *Ehrenbezeigung*? Auch hier geht der Duden wieder sehr weit und lässt beides zu – außerdem (aner-)kennt er: *Ehrenhaftigkeit*, *Ehrenkodex*, *Ehrenrettung*, *Ehrenbürger* usw. Allein die Ehre gibt es nur als Unikum. Diese Tatsache scheint so ungefähr im dritten Band (»Als ich noch der Klasse Sprecher war«, S. 150ff.) bei Sick angekommen zu sein. Merke: sicherlich gibt es historische

Verbindungen zwischen Kasus- und Nummerusmarkie-
rern einerseits und Fugenelementen andererseits. Dennoch stellen wir als unbewusste Sprecher und Hörer
keine systematische bedeutungsbezogene Verbindung
zwischen wortinternen Fugenelementen und Fall oder
Ein- bzw. Mehrzahl her. Sonst würden wir vielleicht nicht
rinderwahnsinnig, aber eventuell saudumm.

Bei der Fuge kommt die sprachliche Willkür von Bastian
Sick wieder schön zutage. Im ersten Band ist er ungewöhnlich großzügig:

> Wer das Gefühl hat, dass bei Wörtern [...] die Scharniere
> quietschen, der soll getrost zum Ölkännchen greifen und
> ein Fugen-s hineinträufeln. So wie die Kehle regelmäßig ge-
> schmiert werden muss, so müssen auch manche Wortfugen
> geschmiert werden [...]. (Sick 1, S. 104)

Selbst in der Kolumne »Rindswahn und anderer Schweinekram« vom August 2007 stellt er fest, dass man »schwei-
nische« Zusammensetzungen mal mit <e>, mal mit <s>,
mal ohne alles haben kann, auch beim Rind erlaubt er
die verschiedensten Fugen. Bei der Elbe aber nicht: Im
neusten Quiz, das in Zusammenhang mit seinem ganz
neuen Buch »Happy Aua« auf Spiegel online abzurufen
ist, rügt er sogar sein eigenes Verlagshaus und diktiert
bei der Antwort zu Frage 5:

> Bei Zusammensetzungen wird die »Elbe« zu »Elb«: Elb-
> mündung, Elbkähne, Elbufer, Elbstrand, etc. Wer auf 1.
> getippt hat, sei getröstet: Auch der in der Elbstadt Hamburg
> ansässige SPIEGEL weiß es offenbar nicht immer so immer
> genau und schrieb unlängst von der »Elbe-Flut«.

Was ist nun mit dem Saale-Elbe-Kanal, dem Elbe-Lübeck-
oder dem Elbe-Seiten-Kanal? Sollen die zugeschüttet
oder umgetauft werden? Und das Projekt Donau-Oder-

Elbe-Kanal? Am besten gleich begraben? Und mit den Elbestraßen, die es in jeder größeren Stadt gibt. Umbenennen? Sollen die Kleinwittenberger und die Dresdener Johannstädter nicht mehr ihre Elbefeste feiern, die genauso traditionsreich sind wie die tatsächlich sogenannten Elbeschwimmen in Pirna, Dresden, Wehlen, Delitzsch oder Stade(rsand)? Hier scheint sich eine regionale Präferenz abzuzeichnen, im Süden – also in Sachsen, wo die Elbe nach Deutschland kommt – sind die Zusammensetzungen mit <e> weitaus häufiger anzutreffen. Viele Orte nennen dort die über den Fluss führenden Konstruktionen ganz offiziell Elbebrücken.

Selbst die von Sick einst großzügig ausgelegte ›s-Fugenregel‹ wird in derselben Fragesequenz wieder verschärft (Antwort 13):

> Die Mandate, die über das Zweitstimmen-Kontingent hinausgehen (die also »überhängen«), nennt man Überhangmandate. Da es sich um eine Wortschöpfung der fugenfeindlichen Amtssprache handelt, kommt darin kein Fugen-s vor. Die Form Überhangsmandat existiert nicht.

Aha, Amtssprache also, warum nennt die sich selbst nicht *Amtsprache*? Sind das vielleicht die (Zentri-)Fugalkräfte, von denen der Duden spricht (siehe Fußnote 7)?

8 Reflexionen zu(r) Umgangssprache

Es gibt eine gewisse Zusammengehörigkeit von Wörtern, die als lexikalische Solidarität bezeichnet wird (von und nach dem rumänischen Sprachgelehrten Eugenio Coseriu, der sehr lange in Tübingen wirkte). Eine ganz starke Solidarität besteht zum Beispiel zwischen dem Verb *rümpfen* und dem Nomen *Nase*: Man kann sich eigentlich gar nicht vorstellen, dass man etwas anderes rümpfen kann als die Nase. Auch *lichterloh* kann es eigentlich nur *brennen* und weiter nichts. Schwächere Solidaritäten sind das *Läuten* von *Glocken* oder *Wiehern* der *Pferde*. Taucht eines der beiden Wörter auf, ist das andere meist nicht weit. Eine Stufe weniger eng, aber ähnlich ist das bei *Umgangssprache* oder *umgangssprachlich* und dem Verb *gelten*. Es heißt im Regelfall: *gilt als umgangssprachlich* oder *muss als zur Umgangssprache gehörig gelten* usw. So liest und hört man das immer wieder.

Nun ist es eine Tatsache, dass alles, was gilt, notwendigerweise einen Geltungsbereich hat – im gegebenen Fall ist das also die Umgangssprache. Wer aber legt die fest? Wer hat das Recht, diese zu definieren? Und wenn es einen solchen Jemand gibt: Wie erfolgt die Festlegung? Es scheint so zu sein, dass die Damen und Herren, die sogenannte Standardgrammatiken verfassen oder aber eine »Zwiebelfisch«-Kolumne führen, sich das Recht (heraus-)nehmen, diese Festlegung zu treffen. Und das geschieht keinesfalls demokratisch, da werden keine Umfragen gemacht, da werden keine sogenannten Korpusstudien in Auftrag gegeben, da wird nicht im

Sinne Luthers den Menschen aufs Maul geschaut – es sei denn, um zu mäkeln und verbessern zu wollen. Nein, was als umgangssprachlich gilt und zu gelten hat, wird just in dem Moment festgelegt, in dem der Stempel ›umgangssprachlich‹ von diesen Leuten auf ein Wort oder eine Konstruktion gedrückt wird. Es wird also etwas zur Umgangssprache, indem es von jemandem, der dazu berufen ist oder sich dazu berufen fühlt, dazu erklärt wird. Wir haben hier einen sehr zweifelhaften ›Sprechakt‹ im Sinne der Austin'schen oder Searle'schen[9] Sprachphilosophie vor uns (siehe weiter unten), der ähnlich absurd ist wie ein Selbstgespräch, von dem man will, dass es jemand hört. Aber wie wir wissen, wollen ja viele gesagt bekommen, was zur Umgangssprache gehört und deshalb kein richtiges Deutsch ist.

Sehen wir uns deshalb einmal ein Beispiel an.

Ein Ziel der Sprachnormierer ist es, den Gebrauch von Wörtern in gewissen Kontexten einzuschränken, möglicherweise um Sachen eindeutig zu halten, zum Beispiel *wie* nur bei Gleichheit (*genauso schön wie*), aber nicht bei Verschiedenheit (*schöner als* und nicht *schöner wie*) (Sick 1, S. 200f. oder Sick 2, S. 264), oder *scheinbar*, das nur angemessen ist, wenn etwas anders ist, als es den Anschein hat, aber nicht, wenn es so verwendet wird, wie es nur dem Wort *anscheinend* vorbehalten ist (siehe Sick 1, S. 139ff.). So lässt der präskriptive Duden (der jetzige hat sich etwas angepasst) das Wort *welche* standardsprachlich nur als Fragepronomen (*Welche* Fehler kann man bei Sick finden?) und als Relativpronomen zu (schöne Sachen, *welche* man bei Sick

---

[9] Ähnlich wie Noam Chomsky (dazu ausführlicher s. S. 166, Fußnote 27) oder Ludwig Wittgenstein, der neben seinen bahnbrechenden Arbeiten auf dem Gebiet der Sprachphilosophie auch noch als Flugzeugexperte, holzhüttenbauender Einsiedler, Kunstmäzen und Volksschullehrer tätig war, hat auch John Rogers Searle eine interessante nichtlinguistische Vergangenheit als Skilehrer, Immobilienmakler und kalifornischer Lokalfernsehsendermoderator.

lesen kann). *Welche* in der sogenannten Indefinit-Lesart wird als umgangssprachlich gebrandmarkt: *Ich möchte zum Abendessen nicht schon wieder Nudeln. Ich hatte erst zum Mittag* **welche** oder *Fürchtest du dich vor Haien? Ob es dort wohl* **welche** *gibt*? Man hat sicherlich den Eindruck, dass das Relativpronomen *welche* gehobener klingt als das Indefinitpronomen in den letzten beiden Beispielen, aber der negativ behaftete Stempel geht wohl zu weit. Wir haben hier einen vollkommen alltäglichen Gebrauch des Pronomens vor uns. Mit den technischen Möglichkeiten von heute war es mir möglich, eine Liste zu erstellen, die ich als Beweis anführen kann. Kein Geringerer als Thomas Mann, der wohl bedeutendste deutsche Schriftsteller zumindest des Jahrhunderts, in dem die Duden-Redakteure zur Schule gingen, gebraucht in allen seinen Werken *welche* – wenn auch eher selten, so doch auch in diesem indefiniten Sinne.[10] Hiermit sei ein jeder aufgefordert, sich selbst und andere bei der Verwendung von *welche* zu beobachten. Man wird feststellen, dass das Urteil ›umgangssprachlich‹ mit seiner Implikatur: ›schlechtes Deutsch‹ etwas zu streng ist. Möglicherweise zog man hier eine vorschnelle Analogie zum Wörtchen *was*. Das kann auch als Fragepronomen verwendet werden: *Was hast du gelesen?* und als Relativpronomen: *alles,* **was ich weiß** (mit Sprachekeleffekt: *den,* **was ich meine**). Dazu kommt dann die tatsächlich etwas umgangssprachlich anmutende Variante als Indefinitpronomen: *Hast du* **was**

---

[10] Interessant ist vielleicht die Information, dass es eine japanische Internetadresse war, die mir die Recherche am leichtesten gemacht hat (http://corpus.en.kyushu-u.ac.jp/).
Hier nur zwei Beispiele, eines aus meinem Lieblingsroman und eines aus meiner Lieblings-Abilektüre von Thomas Mann: »[…] es soll ja hier überall *welche* geben, in allen Läden, auch da, wo man es gar nicht erwarten sollte […].« (»Der Zauberberg«)
»[…] wir besuchen jetzt weder Gesellschaften, noch geben wir selbst *welche* […].« (»Die Buddenbrooks«)

*gesagt? Ich hab da **was** gefunden, das wird dich interessieren.* Hier hat man allerdings eine hochsprachliche Alternative: Man kann *etwas* sagen und meint genau dasselbe. Diese Option hat *welche* nicht. Hier ist kein hochsprachliches Gegenstück vorhanden. Versucht man es mit *einige* oder *derer* verändert man den Sinn mehr, als einem lieb ist oder rutscht in ein unangebrachtes Register.

Eine etwas andere, aber auch ungewöhnliche Verwendung des Prädikats ›umgangssprachlich‹ findet sich auch bei Bastian Sick, im ersten Band auf Seite 208. Dort wird nämlich mit diesem Begriff operiert, wo es um die Schreibweise des Wortes *bayerisch* vs. *bayrisch* geht. Letzteres sei ›umgangssprachlich‹. Welche sprachliche Ebene wird hier überhaupt verhandelt?

Kann eine schriftliche Realisierung, die sich lautlich überhaupt nicht manifestiert, umgangssprachlich sein?

9 Es ist nicht immer eindeutig, aber oft kompliziert: Über *von* und *durch* ...

Wenden wir uns an der Schnittstelle von Morphologie und Syntax einmal zwei Beispielen zu, in denen Bastian Sick als Sprachpfleger die Mehrdeutigkeit von Wörtern bekämpft, wahrscheinlich um so die Sprache rein zu halten. Der erste Fall soll die Präpositionen *von* und *durch* beleuchten, der zweite das Modalverb *wollen*. Auf Seite 198 im ersten Band wettert Bastian Sick gegen die zugegebenermaßen unschöne Verwendung von *durch* in bestimmten Passivkonstruktionen: *der Mann wurde durch einen Grizzly getötet, das Buch wurde durch Harry Rowohlt übersetzt.* In der Tat ist eine solche Formulierung nicht sonderlich geglückt. Die Erklärung soll nun folgende sein: Nach Sick gibt es für *durch* drei mögliche Interpretationen: eine lokale, also örtliche: *durch den Wald*, eine temporale, also zeitliche: *durch den Winter* – und eine sogenannte mediale: umschreibbar durch (oder *mit?*) *mittels* oder *mit Hilfe von*. Macht man eine Ersetzungsprobe, merkt man, dass etwas schief läuft: *der Mann wurde mit Hilfe von einem Grizzly getötet* ist eine eher ungewöhnliche Formulierung und träfe nur zu, wenn jemand einen Bären als Mordwaffe eingesetzt hat. Mehr als diese drei Bedeutungen lässt Bastian Sick nun aber für *durch* nicht zu.

Die deutsche Sprache scheint jedoch toleranter und flexibler zu sein. Das »Lexikon deutscher Präpositionen« gibt kausale Verwendungen von *durch* an, die nicht mit *mittels* oder *mit Hilfe von* umschrieben werden können: *Er hatte durch übermäßiges Rauchen seiner Gesundheit gescha-*

det. Durch den Brand kam es zu großen Schäden. Durch allzu angestrengte Arbeit ist er krank geworden. Hier kann man eher *wegen* für *durch* einsetzen – aber auch nicht, um ganz genau dasselbe auszudrücken –, auf keinen Fall aber *mittels.* Die richtige Generalisierung indes ist, dass *durch* einen Grund angibt, der nicht durch ein sogenanntes Agens herbeigeführt wird. Ein Agens ist ein handelndes Individuum (oder eine Gruppe davon), das etwas tut und somit etwas auslöst. Oben im Text waren das Harry Rowohlt, der übersetzt und dadurch eine Übersetzung zustande bringt – oder der Grizzly, der tötet und damit den Tod eines Menschen verursacht. Implizit liefern also die Akteure den Grund für ein Ereignis und deren Resultat. Solche Akteure werden im Passivsatz tatsächlich vorzugsweise mit *von* markiert. Nun kann man aber eben auch Passivsätze bilden, in denen kein Agens auftaucht, aber dennoch auch kein Mittel oder keinerlei Hilfe in Anspruch genommen werden. Das ist besonders dann der Fall, wenn der Auslöser und damit der dahinterstehende Grund unbelebt ist – ein Stein, ein Ziegel, ein Windstoß, sonstige Naturgewalten oder ein unbeteiligtes Auto. Vor allem die Letzteren können gar nicht als Mittel eingesetzt werden, jedenfalls nicht von einem Normalsterblichen. Und so gestattet die deutsche Grammatik auch mit Erlaubnis des normativen »Lexikons deutscher Präpositionen« Sätze wie: *Im letzten Winter wurde das Dorf durch eine Lawine zerstört* oder *Durch Frühjahrsstürme werden an der Ostseeküste oft schwere Schäden verursacht.* Man kann, aber man muss in diesem Fall von *von* keinen Gebrauch machen. Und jeder, der bewusst in sich hineinhört, wird einen Akzeptabilitätsunterschied zwischen den beiden Sätzen feststellen: *Während der Jagd wurde der Fuchs plötzlich durch eine unerwartet auftauchende Falle zur Strecke gebracht* versus *Während der Jagd wurde der Fuchs durch einen Jäger schnell zur Strecke gebracht.* Der Erste hört sich um einiges besser an als der Letzte – nicht unbedingt in Bezug auf den Inhalt, welcher in beiden Fällen einer gewissen Grausamkeit nicht entbehrt, aber grammatisch kann man den ersten unbedenklicher durchwinken als den zweiten. In jedem Fall illustrieren die Sätze ohne Agens, dass es eine vierte Lesart von *durch* gibt. Und selbst ein stilsicherer Sprachverwender wird zugeben müssen, dass in Sätzen, in denen ein Verb passiviert wird, das eines seiner Argumente auch so schon, also selbst in Aktivsätzen, mit *von* markiert, die Version mit *durch* sogar besser klingt als die mit *von*: *Er wurde **durch** eine Krankheit **vom** Besuch der Ausstellung abgehalten* oder ***Durch** seine Genesung wurde ein Großteil der Skeptiker **von** der Wirksamkeit des neuen Arzneimittels überzeugt.* Machen Sie die Ersetzung und überzeugen Sie sich.

Nun, auch die Präposition *von* hat mehr Anwendungsbereiche als Herr Sick ihr zugestehen möchte. Sie kommt natürlich in Passivsätzen als Begleiter des Nomens vor, das den Akteur zum Ausdruck bringt. Zum Beispiel im minimal zum schöneren Deutsch veränderten Satz: *Während der Jagd wurde der Fuchs von einem Jäger schnell zur Strecke gebracht* oder aber in Sätzen mit dem sogenannten Dativpassiv:

>»Wer kriegt das Herz vom toten Papst?«, fragte sie [= die Bild-Zeitung, A.M.] sich laut auf der Titelseite. Das ist nicht nur geschmacklos in der Aussage, sondern auch noch grammatisch unsauber: *Vom Papst* hat man, solange er noch lebte, einen Eindruck »kriegen« […] können, vielleicht auch die Vergebung der Sünden, einen gut gemeinten Ratschlag oder einfach einen Händedruck. Dass aber ein Papst, noch dazu ein toter, Herzen unters Volk geworfen hätte, ist in keiner noch so wüsten Sage überliefert. Befürchtete man bei der »Bild«-Zeitung, mit der grammatisch korrekten Formulierung »das Herz des toten Papstes« die Leser womöglich zu überfordern? (Sick 2, S. 218)

Als könnte man *von* nur in Passivsätzen verwenden. Das Wörtchen *von* kommt aber auch noch an vielen anderen Stellen vor. Unter anderem eben doch in der Konkurrenzposition zum Genitiv, auch wenn Herr Sick das gar nicht mag: *der Mann der Bundeskanzlerin* ist auch *der Mann von Bundeskanzlerin Merkel* (= Herr Prof. Sauer). Sicherlich hört sich der Gebrauch der von-Konstruktion in manchen Konstellationen uneleganter an: *der Mann von der Bundeskanzlerin* klingt etwas holperiger als die ersten beiden Varianten; *Angela Merkels Ehemann* kriegt wahrscheinlich die Höchstpunktzahl bei Sprachpflegern. Dennoch schließt die deutsche Grammatik die von-Variante nicht aus. In manchen Fällen ist sie die einzige Variante, um die gemeinte Relation zum Ausdruck zu bringen. Ist kein beugsames Element, weder Artikel noch Adjektiv, in der Nähe, dann muss man das Element *von* einschieben: *die Verarbeitung tropischen Holzes* geht in Ordnung, *die Verarbeitung Holzes* nicht – wohl aber *die Verarbeitung von Holz*, genauso *der Geschmack tropischer Früchte* ist gutes Deutsch, nicht jedoch *der Geschmack Früchte*, erst *von* kann die Sache wieder retten: *der Geschmack von Früchten*. Nun mag man zwar abnehmenden Gehalt an Stil in folgender Anordnung feststellen: *des toten Papstes Herz, das Herz des toten Papstes, das Herz von Johannes Paul II., das Herz vom toten Papst, (dem toten Papst sein Herz)* – ungrammatisch ist die von-Variante nicht. Die Bild-Zeitung hat zwar keinen Beitrag zur Stilbildung geleistet, aber sie hat keine grammatisch inkorrekte Formulierung verwendet, wie Herr Sick es behauptet. Die Lesart, bei der der wiederauferstandene Karol Woytila ein nicht näher bezeichnetes Herz zu vergeben hätte, so wie Bastian Sick es in seiner Kolumne suggeriert, ist keineswegs zwingend. Wäre es so, müssten Fragesätze wie *Wer erbt die Sonnenbrillen vom Modezar? Und wer erbt die vom Popstar?* fast vollkommen uninterpretierbar, also unverständlich sein.

10 Was wollte er denn?

Das andere Beispiel: das Verb *wollen*. Wie Bastian Sick richtig bemerkt, ist *wollen* ein Modalverb. Damit ist es engstens verwandt mit anderen Verben wie *können, müssen, sollen, dürfen* usw.. Diesen Verben ist eine quasi systematische Mehrdeutigkeit von Anfang an in die Wiege gelegt. Es gehört gleichsam zu ihrem Wesen. Ihnen eine bestimmte Bedeutung wegnehmen zu wollen, würde bedeuten, dem Sprachverfall in der Tat Vorschub zu leisten.

Illustrieren wir die Art der Mehrdeutigkeit erst einmal mit *müssen*: *Er muss Französisch sprechen.* Dieser Satz kann zweierlei bedeuten, zum einen könnte der Sprecher oder die Sprecherin einen gesetzlich vorgeschriebenen Sachverhalt mitteilen wollen, zum Beispiel, wenn eine besorgte Fragestellerin wissen will, ob ihr Sohn bei der Verteidigung seiner Abschlussarbeit an einer Pariser Universität auch Englisch reden darf. Diese Art der Interpretation des Modalverbs heißt die deontische Lesart.

Zum anderen kann der Sprecher dieses Satzes etwas ganz anderes zum Ausdruck bringen wollen, nämlich seine starke Vermutung oder innere Überzeugung, dass jemand das Idiom der Franzosen beherrscht, wenn er mehr als zehn Jahre in Lyon gelebt hat. Diese Lesart heißt die epistemische. In anderen Konstruktionen ist eine Zweideutigkeit oft ausgeschlossen. Die epistemische Lesart ist die einzig nachvollziehbare in Sätzen wie: *Er muss betrunken gewesen sein. Sie muss eine Katze gehabt haben.* In Sätzen wie *Du musst das bis morgen zurückbrin-*

gen oder *Er musste vier Tage im Gefängnis sitzen* ist die andere Lesart, also die deontische, die einzig sinnvolle und vorhandene. Über eine ähnliche, also die, bei der eine Verpflichtung ausgedrückt wird, verfügt auch das Modalverb *sollen*: *Du sollst es bis morgen zurückbringen.* Diese Interpretation wiederum ist quasi ausgeschlossen in *Peter soll in Prag gewesen sein.* Dieser Satz bedeutet, das irgendjemand behauptet hat, dass Peter in Prag gewesen sei. Dieser Satz hat also eine Interpretation derart: ›jemand-hat-gesagt‹, manchmal die evidentielle Lesart genannt. Eine ganz ähnliche hat nun auch *wollen*: *Peter will in Warschau gewesen sein.* Hier ist nichts von einem Wunsch oder Willen seitens Peters gesagt, sondern dieser Satz bringt zum Ausdruck: Peter hat gesagt: »Ich war in Warschau«, also eine Behauptung Peters. Und genau diese systematisch vorhandene Lesart von *wollen*, die evidentielle, spricht Bastian Sick dem Modalverb ab, wenn er weiterhin zu seiner Kolumne »Der angedrohte Wille« (Sick 2, S. 72 ff.) steht:

Der angedrohte Wille:

»Der Minister kündigte an, die Probleme noch in dieser Legislaturperiode anpacken zu wollen.« Das klingt im ersten Moment nach Initiative. Doch wenn man diesen Satz mit den Fingern berührt, zerfällt er zu Staub. Schuld daran ist diesmal aber nicht die Regierung, sondern ein weit verbreiteter »Übersetzungsfehler« [...].

»Bundeskanzler Schröder kündigte an, die Bedingungen für Arbeit verbessern zu wollen«, ist in der Zeitung zu lesen. Na bitte, immerhin, es tut sich was. Nach all den Fehlschlägen und Enttäuschungen in letzter Zeit geht der Kanzler wieder in die Offensive, packt was an [...] und kündigt Verbesserungen an [...].

Doch halt – haben wir da nicht etwas überlesen? Was genau kündigte Schröder laut der Zeitung an? Gleich mal die Goldwaage rausholen und die Wörter wiegen. Und siehe da: Die Waage zeigt überhaupt nichts an [...].

Durch diesen »Übersetzungsfehler« wurden die Worte des Kanzlers entwertet, denn von der versprochenen
Verbesserung bleibt nichts weiter als die Aussicht auf ein
bisschen guten Willen [...].

Mit der Redewiedergabe ist es so eine Sache. Als stilsicher
und sprachbewusst gilt jemand, der den Konjunktiv I gut
einzusetzen weiß. *Anne meinte, sie sei schon zu alt für solche
Dinge* oder *Anne meinte, dass sie schon zu alt für solche Dinge
sei.* Hier wird vom Sprecher mitgeteilt, dass Anne der
Meinung ist, eine gewisse Altersgrenze überschritten zu
haben. Damit man aber als Hörer bloß nicht auf den Gedanken käme, benutzt der Sprecher hier den Konjunktiv
und macht somit deutlich, dass die Behauptung über das
zu hohe Alter auf Annes eigene Kosten und nicht auf die
des Sprechers selbst geht. Weniger Sprachbewusste benutzen in derselben Absicht auch gern den Konjunktiv II:
Anne meinte, sie wäre schon zu alt für solche Dinge. Eigentlich
ist die Form des Gesamtsatzes schon ausreichend, um
dahingehend interpretiert zu werden, dass Anne diese
Aussage gemacht hat, denn immerhin beginnt der Satz
mit *Anne meinte,* also: *Anne meinte, dass sie schon zu alt für
solche Sachen ist.* Durch den Konjunktiv im Nebensatz
sichert man sich gewissermaßen doppelt ab.

Es konnte gezeigt werden, dass der Konjunktiv allein
auch schon ein Zeichen setzt, dass die Aussage eines Satzes einer anderen Person zugeschrieben werden muss.
Folgender kurzer Text ist in einer Art strukturiert, wie
sie im Journalismus nicht unüblich ist:

*Guantánamo sei noch notwendig – so Bush. Die Gefan-
genen seien Terroristen der schlimmsten Sorte. Man könne
kein Mitleid mit ihnen haben. Es gebe aber dennoch schon
Überlegungen für die Zukunft – ohne das Lager.*

Außer dem ersten Satz enthält kein weiterer die aus-
drückliche Information, dass Bush derjenige ist, dessen

Aussagen hier wiedergegeben werden. Allein die konjunktivische Form des gebeugten Verbs zwingt uns, nicht den Verfasser der deutschen Sätze für die Aussagen verantwortlich zu machen, sondern den amerikanischen Präsidenten. Der ist der eigentliche ›Behaupter‹. Wir sehen also, dass die explizite Verbalisierung *X oder Y sagte* den Inhalt der darauffolgenden Aussage ähnlich aus der Verantwortung des tatsächlichen Sprechers nimmt wie Benutzung des Konjunktivs. Um ganz sicherzugehen, kann ein Sprecher beide Möglichkeiten kombinieren – jedenfalls in diesem Fall mit dem Konjunktiv.

Ganz ähnlich ist es nun mit *wollen*. *Peter hat gesagt, dass er in Paris war* bzw. *gewesen sei* oder *Peter will in Paris gewesen sein* bedeuten quasi dasselbe. Und genauso ist es in folgender Situation. Der Streikführer sagt(e): »Wir setzen eine Frist von zwei Wochen«; dann kann man das als Journalist an seine Leser weitergeben als: *Der Streikführer sagte, man setze eine Frist von zwei Wochen* oder genauso gut mit den Worten: *Der Streikführer sagte, man wolle eine zweiwöchige Frist setzen.* Wenn die Verhandlungspartner daraufhin reagieren und äußern: *Wir lassen es uns noch mal durch den Kopf gehen*, dann kann man getrost schreiben: *Als Antwort kündigten die Verhandlungspartner an, es sich noch einmal überlegen zu wollen.* Reichen würde tatsächlich auch: *Als Antwort kündigten die Verhandlungspartner an, es sich noch einmal zu überlegen.* In der ersten Variante ist dennoch kein besonderer Wunsch oder Wille im Spiel. Eine Mutter kann gut und gern ihrem Sohn den in einer Frage verpackten Vorwurf machen: *Wolltest du nicht bis heute Abend deine Hausaufgaben machen* oder *gemacht haben?* Dabei nimmt sie mit Sicherheit nur das Versprechen ihres Sohnes zum Anlass für die Rüge. Von einem Wunsch, die Hausaufgaben zu machen, von dem inneren Bedürfnis, dem Willen ihres Sohnes, sich um die schulischen Belange zu kümmern, ist sie bestimmt nicht ausgegangen.

Stellen wir uns eine Situation vor, in der drei Geschäftsleute, unter ihnen Heiner, feststellen, dass sie demnächst zur gleichen Zeit aus dienstlichen Gründen an einem bestimmten Ort sein müssen. Zur gegebenen Stunde treffen sich zwei von ihnen an ebendiesem Ort, und einer erinnert sich vage an das vorausgegangene Treffen und fragt: *Wollte Heiner nicht auch hier sein?* Diese Frage ist in der gegebenen Form auch dann berechtigt, wenn der Frager keine Ahnung über die innere Attitüde des dritten Kollegen hatte, sprich, auch wenn er gar nichts von dessen Wünschen in Bezug auf besagte Dienstreise gewusst hat. Einfach die sprachliche Äußerung von Heiner, er werde dann und dann an dem gewissen Ort sein, berechtigt zur Benutzung des Wortes *wollen*. Die Bedeutung dieses Modalverbs geht also über die rein optionale, volitive – oder wie immer man es auch zu nennen gewillt ist – Bedeutung hinaus. *Der Minister kündigte an, die Probleme noch in dieser Legislaturperiode anpacken zu wollen* oder *Der Minister kündigte an, er wolle die Probleme noch in dieser Legislaturperiode anpacken* bedeutet also: Der Minister hat gesagt: »Wir packen die Probleme noch in dieser Legislaturperiode an«, und gleichzeitig drückt der Sprecher bzw. Schreiber oder die Sprecherin bzw. Schreiberin des Satzes durch die Verwendung des Wortes *wollen* einen gewissen Zweifel an der Gültigkeit der Aussage des Ministers aus, zumindest wird signalisiert, dass keine Garantie gegeben wird, dass die Probleme tatsächlich tatkräftig angegangen, geschweige denn gelöst werden. Ähnlich wie mit dem Konjunktiv. Und auch Herr Sick kann diesen Sachverhalt nicht abschaffen (wollen). Also, so ganz zerplatzen die kritisierten Sätze nicht zu nichts.

Eine (kurze) Belehrung

Eine weitere systematische Mehr- bzw. Zweideutigkeit
bespricht und kritisiert Bastian Sick in Band 3 auf Seite 170f.:

> Von seiner grammatischen Struktur ist das Wort »Bevölke-
> rung« also kein Kollektivum (= Sammelbegriff) wie »Volk«,
> sondern beschreibt einen Vorgang: den Vorgang des Be-
> völkerns. Es bedeutet somit nicht »Volk«, sondern »Besie-
> delung«. Es bedeutet ja auch Bewässerung nicht dasselbe
> wie Wasser […].

Péter Maitz und Stephan Elspaß stellen in einem kürz-
lich erschienenen Artikel (»Warum der ›Zwiebelfisch‹
nicht in den Deutschunterricht gehört«, Info Deutsch
als Fremdsprache 34, 5) klar:

> Zum einen kann ein Wort niemals von seiner grammatischen
> Struktur, sondern einzig und allein von seiner Bedeutung ein
> oder eben kein Kollektivum sein […]. Zum anderen ist auch
> die Behauptung – um es gelinde auszudrücken – höchst
> abenteuerlich, dass das Wort »Bevölkerung« nicht »Volk«,
> sondern Vorgang des Bevölkerns, also »Besiedelung« be-
> deutet […]. Sollte jedoch Sick gemeint haben, dass das Wort
> deswegen »Besiedelung« bedeute, weil […] durch -ung-
> Suffigierung abgeleitete Substantive in der Regel Vorgänge
> bezeichnen, so führt er seine LeserInnen in die Irre […].

Diese sogenannten -ung-Nominalisierungen sind Sub-
stantivierungen von Verben und prinzipiell ambig.
Man spricht unter Semantikern von der Ereignis- oder
Prozesslesart einerseits und von der Resultatlesart andererseits. Mit der Ersteren ist tatsächlich der Prozess
gemeint, wie Sick ihn beschreibt. Die andere beschreibt
das Ergebnis des Prozesses (= Resultat). Welche Interpretation zum Tragen kommt, wird meist im Kontext
deutlich – für die Verben *übersetzen* und *bemalen*: *Die*

Übersetzung des Dokuments hat vier Sprachkundige fünf Tage in Beschlag genommen. Die Bemalung einer solchen Porzellanfigur dauert in der Regel einen halben Vormittag. In derartigen Beispielen liegt sicher die Prozesslesart vor – im Sinne von Bastian Sick. Aber: *Die Übersetzung umfasst über 120 Seiten und liegt beim Chef* oder *Diese Bemalung ist mir viel zu kitschig.* Hier ist das Resultat gemeint. Manche Nominalisierungen bezeichnen fast ausschließlich Prozesse – andere Resultate. Letzteres vor allem bei *Zeichnung, Ummantelung, (Kopf-)Bedeckung, Bereifung, Bescheinigung.* Viele -ung-Nominalisierungen haben sich in ihrer hauptsächlichen Bedeutung auch schon etwas von der reinen Verbbedeutung verschoben und zusätzliche Bedeutungsaspekte übernommen. Besonders bei (Prozess-)Verben, die kein so gegenständliches Resultat haben wie im Übersetzungsbeispiel. Maintz und Elspaß nennen: *Bemerkung, Berechtigung, Beschränkung, Scheidung, Verbindung* usw. Prinzipiell jedoch können sich deverbale Nomen – also Substantive, die von Verben gebildet werden – sowohl auf Vorgänge und Tätigkeiten als eben auch auf deren Resultat beziehen!

Maitz und Elspaß fahren fort und kommen zu folgendem Schluss:

> Man sieht also, wie sein [also Sicks, A. M.] eigenes Urteil den inkompetenten Richter entlarvt: Die mangelnde Kenntnis der Prozess(f)akten führt zu einem sachlich verfehlten, ungerechten Urteil. Vom Mythos der »logischen Sprache« ausgehend, erklärt der Richter selbst ein unschuldiges Substantiv für schuldig und will ihm mit erstaunlicher Überheblichkeit vorschreiben, was es aufgrund seines Fehlwissens zu bedeuten habe.

Die Bevölkerung, oder wenigstens ein Teil davon, nämlich der, der das hier liest, lässt sich hoffentlich nicht so leicht beirren.

11 Das Bier im falschen Kontext und seine Folgen

Zwischen Lexikon und Syntax: Ein eigentlich ganz grober Fehler ist Bastian Sick gleich zu Anfang seines ersten Bandes eher en passant unterlaufen und war sicherlich gar nicht so gemeint. Möglicherweise sind die folgenden Ausführungen auch böswillig unterstellend, denn ganz explizit ist Herr Sick nicht, sondern suggeriert eher passiv und womöglich ungewollt, wie das grammatische Geschlecht zugewiesen wird; zumindest lässt seine Darstellung der Dinge die etwas weiter unten demonstrierte Interpretation zu. Für mich soll dieser Lapsus nun aber hier der Aufhänger sein, um zu zeigen, dass Herr Sick selbst zum Auslöser des schlimmsten Sprachverfalls in der Geschichte des Homo sapiens würde, sollten sich die Menschen an seine Logik halten. Im ersten Kapitel, in dem es nicht um die Thematik seines Buchtitels geht, belehrt Herr Sick über die Logik des grammatischen Geschlechtes, also darüber, ob man besser *das* oder *die Nutella* sagt und vor allem, warum das Auto **der** Astra heißt, das Bier aber **das** Astra. Das Astra heißt es in diesem Fall tatsächlich, weil Biersorten in der Regel sächlich sind: das Pils, das Helle, das Radeberger, das Jever – sogar das Urquell, obwohl Letzteres formal eher an **den** Urquell oder vielleicht **die** Urquelle erinnert. Deswegen heiße es auch ganz richtig, wie die Werbung sagt: »**Das** König unter den Bieren«. Sick kommt also zu folgender Schlussfolgerung: Ja, »das König unter den Bieren« oder genauso »das König der Biere« ist grammatisch richtig, denn es heißt ja »DAS Bier«. Diese Logik impliziert dann also: Das grammatische Geschlecht eines Substantivs kann gut und gern von seinem es näher bezeichnenden Attribut bestimmt werden, jedenfalls, wenn dieses die semantische Kategorie der Gesamtkonstruktion bezeichnet. Folgt man dieser Regel, müsste man auch sagen können: *der Löwe – das König der Tiere, Beelzebub – die Herr der Fliegen* und am kuriosesten vielleicht: *Diana – das Königin der Herzen*. So weit, so amüsant.

Das Schlimme ist, dass eine solche Logik tatsächlich das Ende der Grammatik bedeuten würde. Bis auf zwei streitbare und zweifelhafte Ausnahmen aus dem Schweizerdeutschen und dem Altgeorgischen gelten natürliche Sprachen generell als beschreibbar durch ein System, das der Mathematiker ›kontextfreie Grammatik‹ nennt. Es gilt als ziemlich sicher, dass unser Gehirn einen Algorithmus zum Erzeugen von Sprache benutzt, der bestimmten formalen, also mathematisch genau beschreibbaren Regeln unterworfen ist (Kontextfreiheit – im mathematischen Sinn, nicht zu verwechseln mit dem Alltagsbegriff ›Kontextabhängigkeit‹, womit die textuelle oder situative Umgebung für sprachliche Ausdrücke gemeint ist!). Es ist dem mathematisch unvorgebildeten Leser nicht zuzumuten und auch weder interessant noch nötig, hier einen Abriss in Automatentheorie zu geben. Nur so viel sei gesagt: Wenn ein Attribut wie im Königsbierbeispiel dem Substantiv, das es näher bestimmt, die Artikelwahl vorzuschreiben imstande wäre, dann hätten wir eine Konstellation von ›Kontextsensitivität‹ – dem Gegenteil von Kontextfreiheit, wie sie klassischer nicht sein könnte. Zögen Regeln dieser Art in die deutsche Grammatik und die natürlichen Sprachen überhaupt ein, wäre nichts mehr, wie es war. Die Sprache würde tatsächlich zusehends verfallen, und die menschliche Kommunikation stünde ernsthaft infrage. Das ist glücklicherweise nicht zu erwarten. Ich war erstaunt, wie viele Leute den Drang verspürten, diese Konstruktion aus der Werbung im Internet zu diskutieren und ihre Intuitionen über deren ungrammatischen Beiklang mitteilen wollten. Bei denen war also das Modul der Kontextfreiheit wahrscheinlich ziemlich intakt.

Beim sächlichen »König der Biere« liegt wohl eher eine werbewirksame Manipulation von Sprache vor; eine sehr kreative und manchmal etwas vergewaltigende Methode, Aufmerksamkeit zu erregen, indem ein neues Wort erfunden oder eine eher komisch klingende Konstruktion gebildet wird. Da gerät Harald Schmidt schon mal in *Kaufregung* – vielleicht mit seiner *meisten Kreditkarte*, da *wird die Verona geholfen*, mit und ohne *Duplomatie*, da *smett* es manchen Kindern *am liebsten*, wenn sie eine bestimmte Wurst essen, oder der eine oder andere Erwachsene *flenst* und *schweppt* vor Freude oder Trunkenheit, wenn er etwas Bestimmtes mit ähnlich klingendem Namen getrunken hat. Die Grammatik der Sprache bringt das nicht ins Wanken, aber vielleicht potentielle Käufer dazu, sich dem Produkt zuzuwenden.

12 Weil – ganz so ist es nun auch wieder nicht!

Eine weitere Sorge treibt die Sprachhüter, Bastian Sick eingeschlossen, um: *weil* gefolgt von Hauptsatzstellung, weil – so etwas darf nicht sein! Hier haben wir es mit dem sogenannten ›weil-Vergehen‹ zu tun.[11]

> Weil das ist ein Nebensatz […]. Einer der größten »Hits«, den die Umgangssprache je hervorgebracht hat, ist die Abschaffung des Nebensatzes hinter Bindewörtern wie »weil«

---

[11] Die nun zu besprechende Konstruktion hat wohl unter Sprachpflegern die größte Aufregung und damit verbunden den übertriebensten Aktionismus ausgelöst: In Hamburg gibt oder gab es eine Aktionsgemeinschaft »Rettet den Kausalsatz«, die sich an prominente Persönlichkeiten wendet und diese auf ihre Vorbildfunktion in Sachen Sprache hinweist. Die Grammatikbanausen Ulrich Wickert und Heiner Geißler meinten sich im Zuge dieser Kampagne gut beraten und gelobten öffentlich Besserung bei der Verbstellung in weil-Sätzen. Ein FAZ-Artikel vom 9.3.1994 berichtet von einem Gymnasium der Hansestadt, in der Verstöße gegen die Schlamperei der Verbstellung finanziell geahndet wurden – damals zu D-Markzeiten: 50 Pfennige für Schüler, 5,- DM für Lehrer. Diese fragwürdige didaktische Methode ist bei Sprachpflegern noch immer modern. Zu denen gehört nun auch die von mir ansonsten hochgeschätzte Sängerin Edda Moser. In einem FAZ-online-Interview vom 6.10.2006 wird informiert, dass die in Kennerkreisen beste »Königin der Nacht« der gesamten Plattengeschichte ein »Festspiel der Deutschen Sprache« organisiert, mit Persönlichkeiten wie dem Literaturwissenschaftler Wolfgang Frühwald, den Schauspielern Mario Adorf und Jutta Hoffmann, dem Regisseur Otto Schenk und dem Schriftsteller Reiner Kunze. Auf die Frage der Interviewerin, ob die nunmehrige Gesangspädagogin auch sprachpflegerisch eine strenge Lehrerin sei, antwortet Frau Kammersängerin in ihrer Funktion als Anglizismusgegnerin: »Meine Studenten müssen einen Euro zahlen, wenn sie ›okay‹ sagen. Sobald es ums Geld geht, kommen sie auch wunderbar ohne dieses Wort aus.«

und »obwohl«. Eine grammatische Revolution – oder bloß
grober Unfug? (Sick 2, S. 157)

Weder das eine noch das andere! Pate gestanden beim
Aufkommen der Sorge über den angeblichen Sprachverfall hat sicherlich die Überlegung, dass nunmehr
nicht nur englische Wörter in die deutsche Sprache gelangen und sie amerikanisieren, sondern dass nun auch
der deutsche Satzbau vom transatlantischen Bruder der
deutschen Grammatik unterwandert wird. Schließlich
sagt man in korrektem Englisch *because I am happy* und
because he has always thought he told the truth. Nun sagt
man »Neudeutsch« inzwischen auch *weil ich bin froh* und
weil er hat immer gedacht, er erzählt die Wahrheit. Wäre
dieser Schluss nicht zu vorschnell gezogen, lägen die
Verfallsbeklager gar nicht so daneben. Eine der charak-
teristischsten Wortstellungsregeln des Deutschen – wie
wir in den nächsten Kapiteln besonders oft betonen
werden – ist seine sogenannte Objekt-Verb-Stellung,
d.h., in den entscheidenden Sätzen geht das Objekt
dem Verb voraus, anders als im Englischen. Im Nebensatz beispielsweise heißt es tatsächlich: *Ich weiß, dass sie
sein Buch liest*, bei zusammengesetzten Zeiten sagt man:
Er hat das Buch gelesen. Niemals würde man diese Sätze
mit der englischen Reihenfolge (Objekt nach dem Verb)
bilden: *Ich weiß, dass sie liest sein Buch* oder *Er hat gelesen
das Buch*. Wären nun die von Sick angeprangerten weil-
Sätze tatsächlich ein Schritt in die Richtung, dass die
beiden letzten kursiv gedruckten Sätze zukünftig einmal
ganz normales Deutsch sein sollten – dann hätten wir
es tatsächlich mit einer Revolution zu tun. Das jedoch
steht keinesfalls zu befürchten. Wenn man die Sache
mit *weil* genau untersucht – und einige Linguisten wie
Rudi Keller, Heide Wegener oder auch Peter Eisenberg
zum Beispiel und Eva Rendle in einer mit 1,0 bewerteten

Arbeit haben das getan –, wird man feststellen, dass diejenigen, die diese Konstruktion verwenden – und diese bilden bei weitem die Mehrheit –, dennoch ganz bestimmte Regeln anwenden. Und so kommt es, dass man über bestimmte Intuitionen verfügt, die es einem ›innerlich‹, dass heißt durch das erst einmal unbewusste Sprachgefühl und nicht durch eine Vorschrift à la Sick, verbieten, *weil* mit Hauptsatzstellung zu benutzen. *Er ist nach Hause gefahren, weil er Kopfschmerzen hatte* ist möglicherweise ähnlich oft anzutreffen wie *Er ist nach Hause gefahren, weil er hatte Kopfschmerzen.* Nun kann man aber die Begründung an den Satzanfang stellen: *Wegen seiner Kopfschmerzen ist er nach Hause gefahren* oder mit weil-Satz: *Weil er Kopfschmerzen hatte, ist er nach Hause gefahren.* Aber niemals fiele es einem Sprecher ein, den hauptsatzähnlichen weil-Satz nach vorn zu stellen: *Weil er hatte Kopfschmerzen, ist er nach Hause gefahren.* Auch wenn wir eine Verneinung im Satz haben, sind die Intuitionen klar: *Sie ist nicht nach Hause gefahren, weil sie Kopfschmerzen hatte, [sondern weil sie es bei den Gästen nicht mehr aushielt] – Sie ist nicht nach Hause gefahren, weil sie hatte Kopfschmerzen; [sie hätte es nicht geschafft.]* Im ersten Fall **ist** sie nachhause gefahren, im zweiten Fall **nicht**.

Es ist also nicht der Fall, dass *weil* mit Endstellung und *weil* mit Hauptsatzstellung beliebig austauschbar wären. Insofern steht nicht zu befürchten, dass das eine das andere vollkommen ersetzen wird. Im Gegenteil, die unterschiedliche Bedeutung ermöglicht einen differenzierten Gebrauch. Auch diejenigen, die *weil* mit Hauptsatzstellung vermeiden, werden die Bedeutungsunterschiede erkennen: *Kommt er, weil er es versprochen hat? Kommt er, weil er hat es versprochen?* Oder: *Einige Gäste werden kommen, weil heute die Sonne scheint. Einige Gäste werden kommen, weil heute scheint die Sonne.* Im vorletzten Satz ist eine mögliche Interpretation, dass noch andere

Gäste aus anderen Gründen erschienen sind. Das ist für den danach folgenden Satz auszuschließen. Und auf die Gefahr hin, dass sich bei Sicks Freund Henry und dessen Gleichgesinnten der Sprachekel einstellt: Es gibt Konstruktionen, die hören sich mit der angeblich verbotenen Verbstellung besser an: *Es muss gehagelt haben, weil mein Auto hat Dellen* klingt jedenfalls adäquater als *Es muss gehagelt haben, weil mein Auto Dellen hat.* Ebenso in: *Ruf mich später noch mal an, weil ich bin grad auf'm Sprung* oder *Warum kauft ihr keine größeren Packungen, weil die reichen doch nie?* Hier würde die Verbendstellung äußerst merkwürdig wirken. *Ruf mich später noch mal an, weil ich grad auf'm Sprung bin* oder *Warum kauft ihr keine größeren Packungen, weil die doch nie reichen?*

Sicherlich können Henry C., Bastian Sick oder Sprachhüter XY jeweils einen Vorschlag für eine stilistisch glücklichere Konstruktion unterbreiten, richtiger oder falscher wird es dadurch nicht. Und die deutsche Wortstellung wird dadurch weder gerettet noch muss sie gerettet werden. Was hier vorliegt, ist weder bedrohlich noch besonders neu. *Weil* mit Hauptsatzstellung ist ein typisches Phänomen der gesprochenen Sprache. Begründungssätze haben unterschiedliche Funktionen. Schriftsprachlich wird diese Verschiedenheit einerseits mit *weil* und teilweise durch *da* und andererseits mit *denn* signalisiert. Die mündliche Form der Sprache hat mehr Mittel, Differenzierung auszudrücken: Man kann verschieden betonen, Pausen einlegen usw.. Und das tut die Sprache auch: Alle Sprecher, die weil-Sätze mit Hauptsatzstellung bilden, legen eine kurze, aber nachweisbare und von vielen auch gefühlte Pause nach *weil* ein. Deswegen sieht man – sollte es ein solcher Satz dann doch mal in die Schriftsprache geschafft haben – des Öfteren ein Komma, einen Gedankenstrich oder meist einen Doppelpunkt. Da solche Sprechpausen in der Schriftsprache fehlen oder unsystematisch gehandhabt werden, bedient man sich am besten eines eindeutigen Wortes: *denn*. In vielen deutschen Dialekten war *denn* auch ein sehr frequentes Element und gehörte zur gesprochenen Sprache. In anderen Dialekten gibt es *weil* mit der verdächtigen Verbstellung schon lange. Es ist somit weder ein neues noch beunruhigendes Phänomen. Es war lediglich früher noch nicht so aufgefallen, weil die meisten Dialektsprecher, wenn sie schreiben, das ihnen eigene mündliche Idiom vergessen und sich der Regeln der (vor)geschriebenen hochdeutschen Schriftsprache bedienen. So entstand der Eindruck, früher hätte es dieses eine *weil* nicht gegeben. Studien aber konnten das Gegenteil belegen. Es existiert schon lange und verdrängt immer mehr das gute (alte) *denn*, aber irgendwo sind da Grenzen. Denn wo kein *denn* stehen könnte, da kann auch kein *weil* mit Hauptsatzstellung Einzug halten. Dasselbe gilt für *obwohl*. Dort, wo *obwohl* mit Hauptsatzstellung gebraucht wird, schafft es nicht die deutsche Wortstellung ab und die englische an, sondern nimmt gelegentlich die Stelle und Funktion von *aber* ein.

Nun denn: *Denn* und *aber* sind schon immer beiordnende und nicht subordinierende Konjunktionen gewesen, will heißen, diese beiden Konjunktionen konnten schon immer Sätze mit Hauptsatzstellung miteinander verbinden. Die deutsche Sprache ist in ihren syntaktischen Grundfesten nicht so leicht zu erschüttern.

13 Von der Wehrhaftigkeit der deutschen Sprache

Über Vergangenheit (Präteritum & Perfekt) und Gegenwart (Mode)

Man mag es nicht ganz glauben, aber unsere deutsche Sprache und vor allem die gesprochene unternimmt viel, um ihre Wortstellung, die sie massiv vom Englischen unterscheidet, beizubehalten. Ein solches Phänomen ist auch der von Bastian Sick beobachtete sogenannte ›Präteritumschwund‹. Im gesprochenen Deutsch wird die ›normale‹ Vergangenheit in den meisten Fällen durch das sogenannte Perfekt ausgedrückt. *Wir haben das Buch schon gelesen. Das Gemüse ist verkocht. Hast du ihr geholfen? Habt ihr lange gewartet?* Diese Sätze klingen viel geläufiger als ihre Entsprechungen im Präteritum: *Wir lasen das Buch schon, Das Gemüse verkochte, Halfst du ihr?* oder *Wartetet ihr lange?* Diese Sätze sind natürlich ebenso grammatisch, klingen aber sehr nach geschriebener Sprache oder im Falle von Fragen sogar ungewöhnlich. Hilfsverben wie *sein* und *haben* oder aber die schon diskutierten Modalverben *können, wollen, müssen* usw. sind da flexibler. Sie kommen auch in der gesprochenen Sprache sehr häufig im Präteritum vor: *Er war draußen* oder *Ich musste noch etwas lesen. Wollte sie sich das neue Buch kaufen?* Der Grund ist folgender: Hilfsverben kommen in der Regel nicht allein vor, sie haben ein anderes sogenanntes Vollverb bei sich. Im Perfekt ist das notwendigerweise der Fall. Das ermöglicht die für das Deutsche so typische Satzklammer: Das gebeugte Verb steht im Hauptsatz ziemlich weit vorn, das bedeutungstragende Vollverb steht als Infinitiv oder als Partizip ganz weit hinten – nach dem Objekt. Die Präteritumvariante klingt viel eher nach Englisch. Die deutsche Umgangssprache jedoch arbeitet gegen die englisch anmutende Wortstellung. Sie bevorzugt ganz stark eine Konstruktion, die das Englische nicht duldet, nämlich ihre typische Das-Objekt-geht-dem-Verb-voran-Stellung. Und nicht nur das unterscheidet Englisch und Deutsch entscheidend voneinander.

Ein weiterer Gegensatz macht sich in der Bedeutung der Vergangenheitsformen bemerkbar.

Was die Verwendung von Perfekt[12] im Unterschied zum Präteritum betrifft, können wir im Deutschen lediglich einen stilistischen ausmachen. Perfekt wird in der gesprochenen Sprache bevorzugt, Präteritum in der geschriebenen. (Ein bisschen vergleichbar mit dem Unterschied imparfait oder passé composé versus passé simple im Französischen.) Im Englischen ist der Unter-

---

[12] Am Rande etwas zu Bildung und Verwendung: »Die Faustregel lautet, dass nur Verben der Bewegung mit ›sein‹ konjugiert werden.« (Sick 3, S. 221)

Das stimmt wieder nicht. Verben, die das Perfekt mit *sein* bilden, werden auch ergative oder unakkusative Verben genannt. Dazu gehören Verben der Bewegung. Die gesamte Klasse umfasst aber viel mehr Prädikate, die alle eine zugrunde liegende Bedeutung haben. Welche das ist, kann hier nicht so schnell erörtert werden. Es seien lediglich ein paar weitere Beispiele genannt: (1) statische Kopulae (ohne Bewegung!): *bleiben, sein;* (2) physische Prädikate: *sterben, krepieren, schlüpfen, verblühen, erröten, versteinern, verblassen, vergilben, explodieren, schmelzen;* (3) psychische und andere: *gelingen, misslingen, glücken, missglücken, geschehen, passieren, einleuchten, widerfahren, entgehen, ausbleiben.* In gewisser Weise sind dialektale Bildungen mit *sein* (im Süden *sitzen, liegen, stehen;* im Norden *anfangen* [= *starten*]) bessere Indikatoren für Unakkusativität als standarddeutsche. Erhalten haben sich die sein-Bildungen für **sitzenbleiben, entstehen, erliegen** u. a. Im Englischen wird alles mit *haben* bzw. *have* gemacht. Sicks Belehrungen wollen doch da nicht etwa einen Anglizismus befürworten?

schied viel gravierender. Es ist nachweislich und nachvollziehbar nicht so, wie Bastian Sick das behauptet. Er
geht hier sicher englischen Grammatikschreibern oder
aber der Etymologie des Wortes Perfekt auf den Leim.
Im Englischen ist es tatsächlich so, dass das Perfekt (oder
present perfect, wie es da heißt) einen Gegenwartsbezug
hat, das Präteritum (past tense) nicht. Selbiges unterstellt
Bastian Sick dem Deutschen:

> Einen inhaltlichen Bezug zur Gegenwart hat die erste Ver-
> gangenheit aber nicht. Den wiederum hat das Perfekt, jene
> mit »haben« und »sein« gebildete Vergangenheitsform. Des-
> halb nennt man das Perfekt auf Deutsch auch »vollendete
> Gegenwart« [...]. (Sick 2, S. 30)

Tatsache ist, dass man das englische Perfekt niemals mit
Ausdrücken wie *gestern, vorige Woche, letztes Jahr, 1896,
im Mittelalter* usw. gebrauchen kann. Sie lokalisieren das
Geschehen in der Vergangenheit und nehmen somit
den direkten Gegenwartsbezug. *We have moved last year*
oder *I have read the newspaper yesterday morning* mögen
für das Ohr eines Deutschen gar nicht so grauenhaft
klingen, ungrammatisches Englisch bleiben sie dennoch.
Sie sind fast uninterpretierbar. Die deutschen formalen
Entsprechungen *Wir sind letztes Jahr umgezogen* oder
Ich habe gestern morgen die Zeitung gelesen sind vollkommen verständlich. Der ebenfalls unmögliche Satz *At
least during the sermon, everybody has shut his mouth for
five minutes* hat eine ganz normal klingende deutsche
Entsprechung: *Wenigstens während der Predigt hat jeder
für fünf Minuten seinen Mund gehalten.* Hier ist dann
aber auch für uns keinerlei gegenwärtige Gültigkeit
heraus- oder hineinzuinterpretieren. Das Schweigen ist
mit Sicherheit seit langem wieder gebrochen. Auch für
Abläufe, bei denen eine Handlung der anderen folgt,
wo sich ein vergangenes Ereignis an ein anderes reiht

und es zeitlich gesehen gewissermaßen ablöst, können wir Deutschen das Perfekt verwenden, weil eben **kein** Gegenwartsbezug hergestellt werden muss: *Zuerst hab' ich da ein Geräusch gehört. Ich bin dann raus in den Garten gegangen und habe überall umhergeschaut. Ich konnte nichts sehen. Da bin ich wieder reingegangen.* Zugegeben: kein stilistisches Meisterwerk, aber grammatisch akzeptables Deutsch. In einem Film wäre diese Sprache viel authentischer als die Variante im Präteritum. Unsensible Texter legen ihren Schauspielern oft unwirkliche Sätze in den Mund – vielleicht weil sie Mündlichkeit und Schriftlichkeit verwechseln. Ein englischsprachiger Drehbuchautor hat aber gar keine Wahl. Hier geht nur die einfache Vergangenheit (past tense). Sein Sprachgefühl würde es ihm nie anders gestatten. Ein Deutscher kann sagen *Ich habe drei Jahre in Moskau gelebt,* wenn er inzwischen seit fünf Jahren wieder in Berlin zu Hause ist. Eine Engländerin kann nur dann *I have lived in Paris for two years* sagen, wenn sie noch immer in der französischen Hauptstadt lebt. So viel zum Gegenwartsbezug.

Eine weitere, quasi selbstregulative Aktion zur Rettung der deutschen Wortstellung beobachtet man im Zusammenhang mit der Neubildung von Verben. Besonders im Bereich der innovativen Jugendsprache werden immer wieder aus Modegründen neue Verben zum Ausdruck psychischer Zustände gebildet. Im Endeffekt wirken diese Innovationen oder Modeerscheinungen konservierend, denn sie manifestieren die schon öfter besprochene, typisch deutsche Satzklammer: Das gebeugte Verb steht weiter vorn im Satz, ungebeugte Elemente am Ende hinter dem Objekt. *Bis jetzt* **haben** *wir das vornehmlich mit Infinitiven und Partizipien bei zusammengesetzten Zeiten* **illustriert**. Ein weiteres solches Element ist die Partikel, eine Art Vorsilbe, oft in Gestalt einer Präposition: *Die Kritik daran **hört** gar nicht mehr **auf*** oder *Hoffentlich **schließe** ich bald mit der ganzen Sache **ab**.* Wir wissen als Deutschsprecher, dass beide Teile eigentlich zu jeweils einem Wort gehören: *aufhören* und *abschließen*. Solche Konstruktionen sind typisch deutsch und manifestieren wieder den Objekt-Verb-Charakter unserer Sprache: Das Verb stellt einen Teil seiner selbst an den äußersten rechten Rand des Satzes, um somit wieder das Objekt links von sich oder zumindest links von einem seiner Bestandteile zu haben (siehe auch Abschnitt 14).

Dieses Verfahren ist dem Englischsprecher mehr als fremd. Der auch bei uns beliebte englische Schriftsteller Mark Twain, der sich einst abmühte, unsere deutsche Sprache zu lernen, hat sich in einer Satire »Die schreckliche deutsche Sprache« über ebendieses Phänomen folgendermaßen geäußert:

Die Deutschen haben noch eine Art von Parenthese, die sie bilden, indem sie ein Verb in zwei Teile spalten und die eine Hälfte an den Anfang eines aufregenden Absatzes stellen und die andere Hälfte an das Ende. Kann sich jemand etwas Verwirrenderes vorstellen? Diese Dinger werden »trennbare Verben« genannt. Die deutsche Grammatik ist übersät von trennbaren Verben wie von den Blasen eines Ausschlags; und je weiter die zwei Teile auseinandergezogen sind, desto zufriedener ist der Urheber des Verbrechens mit seinem Werk. Ein beliebtes Verb ist »reiste ab«. Hier folgt ein Beispiel, das ich aus einem Roman ausgewählt und ins Englische übertragen habe:

»Da die Koffer nun bereit waren, REISTE er, nachdem er seine Mutter und Schwestern geküsst und noch einmal sein angebetetes Gretchen an den Busen gedrückt hatte, die, in schlichten weißen Musselin gekleidet, mit einer einzigen Teerose in den weiten Wellen ihres üppigen braunen Haares, kraftlos die Stufen herab gewankt war, noch bleich von der Angst und Aufregung des vergangenen Abends, aber voller Sehnsucht, ihren armen, schmerzenden Kopf noch einmal an die Brust dessen zu legen, den sie inniger liebte als ihr Leben, AB.«

Den unbedachten, nicht sonderlich am Erhalt der deutschen Sprachstruktur interessierten Jugendlichen scheint diese Art der Konstruktion – zumindest in einer weniger aufgeblähten, aber strukturell ebenso gestrickten Art –, die Verbwurzel und Partikel zu trennen, nicht zu verwirren. Es ist beobachtet worden, dass alteingesessene Verben wie *begeistern, interessieren, gefallen, missfallen* zumindest zeitweise ersetzt werden durch Konstruktionen wie *etwas **macht** mich **an**, **haut** sie **um**, **hebt** ihn **an**, **kotzt** dich **an***. Also nix mit englischem Satzbau: Germanismus ist gefragt!

Inzwischen ahnt der Leser wahrscheinlich, dass diese Auswüchse des Selbsterhaltungstriebs unserer Syntax auch ein Grund für die schon erwähnte und von Herrn Sick so beklagte Verdrängung des Konjunktivs durch die Umschreibung mit *würde* ist. Also, auch wenn sich der Ausdruck des Irrealen mit der würde-Umschreibung in Richtung Uniformität entwickelt und damit zum Verlust an Formenvielfalt führt, sorgt sie doch für eine weitere Zementierung der typisch deutschen Wortstellung. *Andernfalls würden wir **sie** vielleicht nicht **verlieren*** (Objekt geht Verb voran) oder *verlören wir **sie** nicht* (Objekt folgt Verb). Der Verlust an Artenvielfalt im »Sprachzoo« (Sick 2, S. 77) wäre also beim Aussterben einiger Konjunktivformen weniger groß als bei der ökologischen Katastrophe, die den Untergang der Gattung ›germanische Objekt-Verb-Sprachen‹ zur Folge hätte.

Ein solcher stand aber so nie bevor, obwohl es von Anfang an Nebensätze gegeben hat, die in Hauptsatzgestalt daherkommen. Bastian Sick meint zwar:

96

Beim Hauptsatz steht das Prädikat normalerweise in der Mitte, also hinter dem Subjekt und vor dem Objekt. In der Frage wandert das Prädikat an den Satzanfang, beim Nebensatz wandert es nach hinten. (Sick 2, S. 157),

und noch deutlicher:

[...],weil im Nebensatz das Prädikat immer am Ende steht. (Sick 2, S. 260)

Ganz so ist es aber kaum. Sicherlich waren Bastian Sick die folgenden Sätze nicht gegenwärtig, sonst hätte er seine Aussagen bedächtiger formuliert. Der geneigte Leser (des »Zwiebelfisch« natürlich) wird auch einwenden, dass Herr Sick nur mit *weil* eingeleitete Kausalsätze aufs Korn genommen hat. Dennoch bleiben seine Aussagen pauschal im Raum, und es ist ein Faktum, dass es eine sehr große Anzahl von Prädikaten zulässt, dass ein abhängiger Satz, ein sogenannter Nebensatz also, auch standardsprachlich wie ein Hauptsatz aussehen kann. Neben der Variante, bei der das Verb tatsächlich am Ende steht, gestatten es Verben wie *glauben, denken, meinen, hoffen, sagen, hören* und viele mehr, dass der Nebensatz sein Prädikat nicht am Ende, sondern weiter vorn platziert:

(a) Ich hoffe, dass ich die Leser überzeugen kann.
(b) Ich hoffe, ich kann die Leser überzeugen.

(a) Wir haben gehört, dass es eine Fortsetzung geben soll.
(b) Wir haben gehört, es soll eine Fortsetzung geben.

Hier wird wohl kaum einer protestieren und eine englische Nebensatzstellung wittern.

Könnte es doch Sinn machen? Auf jeden Fall macht es Lust, sich mit der Thematik zu befassen!

Die (angebliche) englische Wortstellung scheint dann doch eher in der Konstruktion durch, die im ersten Band, auf Seite 154 f., besprochen wird: *Ich erinnere das nicht.* Hierzu steht zu lesen:

> Die Wörter klingen zwar noch deutsch, doch die Strukturen sind es nicht mehr.

Nun, ganz so ist es nicht. Möglicherweise haben wir hier eine Lehnübersetzung aus dem Englischen vorliegen. Der Verzicht auf die komplexere Konstruktion (Reflexivpronomen und Verb mit Präpositionalphrase) ist in der Tat auf die Omnipräsenz des Englischen zurückzuführen. Es sollte besser heißen: *Ich kann mich nicht daran erinnern.* Dennoch wird hier unsere Syntax, also unsere gute deutsche Wortstellung, nicht unterwandert, wie es das Horrorszenario in der Kolumneneinleitung darstellt. Vielmehr handelt es sich um eine Alternative, die die deutsche Sprache zulässt:

Er fürchtet sich vor seiner Schwiegermutter kann gegebenenfalls umformuliert werden in *Er fürchtet seine Schwiegermutter; Sie hat sich für ihr unverständliches Verhalten erklären können* in *Sie konnte ihr unverständliches Verhalten erklären; Er hat sich mit Bernd getroffen* kann man umwandeln in *Er hat Bernd getroffen; Sie versteht sich gut aufs Flirten* in *Sie versteht das Flirten gut.* Das Muster Subjekt-Verb-Reflexivpronomen-Präpositionalobjekt kann unter bestimmten Voraussetzungen transformiert, d. h. umgewandelt werden und resultiert dann in der Variante: Subjekt-Verb-Akkusativobjekt. Verben, die ein ganz paralleles Verhalten an den Tag legen, sind neben *fürchten, treffen* und *erklären* zum Beispiel *entschuldigen, beklagen, verantworten, vorbereiten, zurückhalten.* An anderer Stelle gibt Bastian Sick selbst zu, dass es in manchen

Varietäten des Deutschen *etwas erinnern* schon lange gibt. So zum Beispiel sogar schon bei Luther, wo man *Sie erinnert das* neben *Sie erinnert ihn des Gleichnisses* findet.

Eine ähnliche Strategie der Verteidigung bei der Anklage auf widerrechtliche Erschleichung der Einbürgerung kann man beim Anglizismus *das macht (keinen) Sinn* verfolgen. Mit Sicherheit geht dieser Ausdruck auf die englische Formulierung *that makes (no) sense* zurück. Vormals sagte man *Das hat (keinen) Sinn*.

Bastian Sicks Kommentar dazu:

> »Sinn« und »machen« passen einfach nicht zusammen. Das Verb »machen« hat die Bedeutung von fertigen, herstellen, tun, bewirken; es geht zurück auf die indogermanische Wurzel *mag-*, die für »kneten« steht. Das Erste, was »gemacht« wurde, war demnach Teig.[13] Etwas Abstraktes wie Sinn lässt sich jedoch nicht kneten oder formen. Er ist entweder da oder nicht: Man kann den Sinn suchen, finden, erkennen, verstehen, aber er lässt sich nicht im Hauruck-Verfahren erschaffen. (Sick 1, S. 49)

[13] Ganz nebenbei: Hier haben wir eine typische Kurzsch(l)uss-Logik vorliegen, wie sie für den »Zwiebelfisch« typisch ist; diesmal auf außersprachlichem Gebiet: »[...] war demnach Teig [...]« – Wem nach? Wonach? Sollte das Erste, was Menschen geknetet haben, Teig gewesen sein? Wo ist der logische oder kausale Zusammenhang? Es war wahrscheinlich das Erste, was Bastian Sick bei »kneten« einfiel. Das Ganze ist jedoch eine Frage der Historie. Und die lehrt uns, dass die Menschen viel früher als Teig nämlich Lehm und Erde kneteten. Brot, geknetet aus (Sauer-)Teig, gibt es seit 2000, höchstens vielleicht 5000 Jahren. Davor aß man einen Labberbrei aus gemahlenen Getreidekörnern vermischt mit Wasser. Da musste man nichts kneten. Aber schon tausende Jahre davor stellten Menschen irdene Gefäße aus Erde (erden = irden) her. Die älteste Technik dafür ist das Kneten, dann kam um vieles später die Töpferscheibe. Tonarbeiten kennt man seit dem Jungpaläolithikum, das fängt vor ca. 40000 Jahren an und endet ungefähr vor 10000 Jahren, also lange bevor man Teig knetet. Und selbst als der aufkam, gab es die »indogermanische« mag-Wurzel wahrscheinlich noch gar nicht. Außerdem geht das englische »to make« natürlich auf dieselbe Form zurück.

Nun ist es vielmehr so, dass eine ganze Reihe von bedeutungsschwachen Verben sehr vage gebraucht wird. Als bedeutungsschwach gelten in diesem Fall Verben, die keine fest umrissene, hochspezifische und dabei genau zu definierende Bedeutung haben wie *haben, machen, tun, geben, bringen, gehen* usw. Ganz klare und unmissverständliche Verben im Gegensatz zu den genannten wären *niesen, bespitzeln, krähen* oder *tapezieren.* Da ist immer ein Nieser oder eine Art Spion, ein Hahn, beziehungsweise ein Tapezierer dabei. *Machen* hingegen bedeutet nicht immer, dass ein Macher dahintersteht: *das macht Spaß, das macht keinen Unterschied, das macht Lust auf mehr.* Solche abstrakten Begriffe, die sich auf unknetbare Dinge beziehen, findet man zuhauf: etwas *macht Eindruck, Mühe, Angst;* jemand macht *Karriere* oder *alle Ehre.* Sogar Adjektive findet man mit dem Verb *machen:* etwas *macht krank, schlank, verrückt* oder *dick –* oder jemand *macht blau.* Ganz ähnlich: Bei *tun* gibt es nicht immer einen ›Täter‹: etwas *tut weh* oder *gut, jemandem Leid* oder *nichts zur Sache;* bei *geben* ist nicht immer ein Geber involviert: *dort gibt es kaum Regen,* bei *gehen* kein Geher und bei *kommen* kein Kommer: *oft kommt und geht es anders, als man denkt.* Häufig sind diese blassen Verben dann auch austauschbar: *etwas macht Spaß oder Lust, gibt eine Gaudi* und *bringt Freude,* oder *macht Freude,* oder *gibt einen Spaß* usw. Ähnlich dann: *etwas hat* oder *gibt* oder *ergibt keinen Sinn* und jetzt eben auch: *etwas macht keinen Sinn.*

Konstruktionen wie *etwas erinnern* oder *Sinn machen* kommen zwar tatsächlich im konkreten Fall durch den Einfluss der englischen Sprache ins Deutsche, aber unsere Grammatik ist dadurch keinesfalls bedroht. Die typischen Strukturen ändern sich dadurch nicht. Diese Wortverbindungen nutzen lediglich Muster, die es schon immer gibt.

Eines scheint (mir) sicher: Wäre *Sinn machen* nicht so offensichtlich eine Lehnübersetzung aus dem Englischen, Bastian Sick hätte die Konstruktionen: *Freude machen, Lust machen* oder *Spaß machen* nie für ihre Erscheinungsform an den Pranger gestellt und behauptet, so in etwa: Etwas Abstraktes wie Spaß, Lust oder Freude lässt sich jedoch nicht kneten oder formen. Man kann Spaß, Lust und Freude suchen, finden, verstehen, usw., aber sie lassen sich nicht im Hauruck-Verfahren erschaffen …

… wohl aber *Sinn machen* im Hauruck-Verfahren verurteilen …

Wer und was hat Stil? Und wie Bastian Sick schon wieder gegen den typisch deutschen Satzbau arbeitet …

In der »Süddeutschen Zeitung« war zu lesen: »Kurz nach drei Uhr morgens gingen im nachtschwärmenden Italien die Lichter aus. Von den Alpen bis zum Ätna – nur die Insel Sardinien blieb unbehelligt.«

Paradox, so eine scherzhafte Definition, ist, wenn ein Goethedenkmal durch die Bäume schillert. Paradox ist aber auch, wenn eine Insel bei ausbleibendem Licht unbehelligt bleibt. Die Feststellung enthält eine unfreiwillige Komik; denn aus »unbehelligt« hört man »hell« heraus, also das Gegenteil von »dunkel«. Zwar hat dieses »hell« eine andere Wurzel als das tatsächliche »hell«, es geht auf das mittelhochdeutsche *helligen* zurück, welches zunächst »ermüden«, später dann »stören«, »belästigen« bedeutete, doch wer weiß das schon? Jedes Wort sollte auf seine Tauglichkeit geprüft werden, ehe es in einen klingenden Zusammenhang gesetzt wird. Manche erzeugen nämlich ein Nebengeräusch.
(Sick 1, S. 68)

Was soll dieser Tipp? Ist man angehalten, um etwaige Gegensatzwörter einen Bogen zu machen? Darf man Begriffe, die sich in anderen Kontexten ausschließen, nie – auch nicht in unschuldiger Umgebung – zusammenbringen?

Darf eine Wetterlage, sprachlich ausgedrückt, keine *frostigen* Temperaturen ver*heiß*en? Darf man nicht sagen: *Die Sonne scheint gar nicht mehr wiederzukommen?* Beginge man schon einen Stilbruch, wenn man die Gattin des Literatur-Nobelpreisträgers von 1929 grüßte: »Guten Tag, Frau Mann ...?« Wenn man da schon Komik wittert, muss man wahrhaft viel Humor haben.[14]

Wenn man nun nicht wie in Bastian Sicks Beispiel vollkommen zufällige Antonyme miteinander verbindet, sondern sprachhistorisch nachvollziehbar verwandte Gegensätze in klangliche und begriffliche Zusammenhänge bringt, wie sieht es dann aus? Was rät der Stylist/Stilist bei Wortverbindungen wie *herrliche Frauen* und *dämliche Männer?* Feministen werden nichts gegen diese Ausdrücke haben. Dürfen sprachstilistisch (Kranken-)Schwester Hildegard und Bruder Lorenzo keine Einzelkinder gewesen sein? Sollte man die Küchenabteilung eines Kaufhauses nicht mit *sechs Sieben* und *acht neu(e)n* Tassen

---

[14] Den hat wohl aber dann doch der Sprachwissenschaftler Sebastian Löbner gehabt, als er einmal fragte, was denn die Zwei-Ebenen-Semantik zur Behauptung: ›BIERWISCH ist GRÖSSER als LANG‹ zu sagen habe. Dabei spielte er natürlich mit dem Umstand, dass einer der herausragenden Vertreter aus der Schule der Zwei-Ebenen-Sematik einen Nachnamen trägt, der homonym bzw. homophon mit dem einschlägigen Adjektiv ist. Die beiden Sprachwissenschaftler, die hier in Vergleich gesetzt werden (könnten), sind Manfred Bierwisch und Ewald Lang.

Manfred Bierwisch wird übrigens von nicht wenigen herausragenden Linguisten für den wichtigsten lebenden deutschen Sprachwissenschaftler gehalten. Auch er hat, wie einige andere hier besprochene Geister, interessante nicht-linguistische Seiten. So hat er zusammen mit dem bekannten Schriftsteller Uwe Johnson das Nibelungenlied ins heutige Deutsch übersetzt, über Musik(theorie) publiziert und als Student wegen Besitzes kulturpolitischer Schriften aus dem Westen für anderthalb Jahre in einem DDR-Gefängnis eingesessen. Bierwisch und Lang waren bzw. sind übrigens mit dem ehemaligen Bundestagspräsidenten Wolfgang Thierse seit den sechziger Jahren befreundet, der ja auch hin und wieder als Germanist in Erscheinung tritt, und wollten damals sogar eine WG gründen.

verlassen dürfen, weil man beim Berichten über den Einkaufsbummel ein Nebengeräusch erzeugen könnte? Kann ein Linker sich nicht mal örtlich gesehen rechts positionieren, und umgekehrt? Verbietet nicht nur der Anstand, sondern auch der gute Stil, einem Kurzen eine zu langen, Kindern ihre Mutter wegzunehmen (die sie gerade auf eine Schraube drehen wollten), jemandem einmalig zu widersprechen. Oder was, wenn ein voller Freier aus fürchterlichem Übermut einer dilettantischen Professionellen den Arm reichen will?

So sehr knirscht es doch da gar nicht im Sprachgebälk – weil die jeweiligen potentiellen Unverträglichkeiten gar nicht so schnell evoziert werden. Ganz schlimm müssten dann doch Wortschöpfungen wie *bösartig, Spitzenkreise, Hauptgrund, Ostweste* (für eine ärmellose Jacke aus der DDR) sein. Dass Bastian Sick aber wirklich der Meinung ist, dass man mit solcherlei Wortverbindungen einen Fehler begeht, bekräftigt er noch mal in seiner Kolumne vom September 2007 »Das Bild hängt schief«. Hier wettert er gegen *das Heidengeld*, das die Renovierung von ostdeutschen Kirchen kostet, und die Aussage, dass *der Teufel los* sei, wenn der Papst nach Altötting kommt. Auch ein *regelrechtes Chaos* wird da als unmöglich hingestellt und mit einer *eingefleischten Vegetarierin* gleichgesetzt, denn Chaos sei ja wohl das Gegenteil von Regelhaftigkeit. Dass das alles entweder aus oben genannten Gründen »unschuldig« kombinierbar ist oder witzig gemeint sein könnte, sieht Bastian Sick nicht (ein).

Wieder einmal agiert Bastian Sick ganz gegen seine ursprünglichen Intentionen in seinem Kapitel »Die unvorhandene Mehrzahl«. Eigentlich geht es da um ein vollkommen anderes sprachliches Phänomen (siehe Titel der Kolumne), aber en passant liefert der Autor folgende Belehrung in punkto »gutes Deutsch«:

Abgesehen von dem moralischen Problem haben wir es hier auch mit einem stilistischen zu tun. Der Satz beginnt mit dem Objekt [...]. Das ist sprachlich zwar nicht elegant, grammatisch aber korrekt. (Sick 1, S. 119)

Außerdem:

Beim Hauptsatz steht das Prädikat normalerweise in der Mitte, also hinter dem Subjekt und vor dem Objekt. (Sick 2, S. 157)

Soll man einen Satz also nicht mit dem Objekt beginnen (dürfen)? Wie sich die Satzglieder innerhalb eines Satzes anordnen, wird im Normalfall nicht von obskuren stilistischen Regeln diktiert, sondern vom sprachlichen Kontext bestimmt. Manchmal sind es jedoch sogar klare grammatische Regeln, die eine bestimmte Wortreihenfolge ausschließen. Zum Beispiel darf ein direktes Objekt einen Satz nur eröffnen, wenn es eine ›richtige‹ Substantivgruppe ist oder ein betontes Pronomen. Ein unbetonbares *es* führt in Objektfunktion nicht zu einem grammatischen Satz (c). Als direktes Objekt ist es nur innerhalb des Satzes möglich (d), als Subjekt kann es auch am Anfang stehen (e).

Frank: Und was ist mit Helmut Krausers Buch UC?
Ich: (a) Den Roman habe ich letzten Sommer gelesen.
(b) Das habe ich letzten Sommer gelesen.
(c) Es habe ich letzten Sommer gelesen. (?)
(d) Na, letzten Sommer habe ich es zum zweitenmal gelesen.
(e) Es hat mit total gefallen.

Nun lassen sich auch Fälle finden, wo es viel besser ist, das Objekt an die Spitze zu stellen und das Subjekt weiter hinten zu platzieren. Die Crux an der Sache ist, dass ein satzeinleitendes Objekt mit dem unmittelbar danach folgenden gebeugten Verb besonders deutsch ist! Im Gegensatz zum Englischen ist das Deutsche, wie die meisten anderen germanischen Sprachen, eine sogenannte Verbzweitsprache. Die erste Position im Satz nimmt irgendein Satzglied ein, dann kommt das gebeugte Verb. Der ›Satzeröffner‹ ist zwar sehr oft das Subjekt, aber nicht systematisch. Häufig finden wir auch Satzadverbiale oder Orts- und Zeitangaben am Satzanfang:

Leider scheinen das manche nicht zu wissen. **Hier** habe ich es hoffentlich deutlich machen können. **Ab jetzt** sieht es vielleicht anders aus.

Es ist sogar so, dass manche Sätze nur dann grammatisch sind, wenn das Objekt dem Subjekt vorangeht: *So etwas hat noch nie jemand gesehen* oder noch stärker bei *Das hat noch niemals irgendjemand behauptet – Irgendjemand hat das nie behauptet* oder *Irgendjemand hat nie das behauptet* sind vollkommen unakzeptable, also ungrammatische Sätze, egal was Stilisten oder Stilistinnen meinen.

Der womöglich gutgemeinte Rat des stilsicheren Bastian Sick könnte sich aber wieder als Eigentor erweisen. Denn es konnte gezeigt werden, dass in ganz frühen Stadien des Englischen, im Altenglischen beispielsweise, Sätze viel öfter mit dem Objekt begannen als heutzutage. Wahrscheinlich mit einer ähnlichen Häufigkeit, wie wir das im heutigen Deutsch beobachten. Die damalige Version des Englischen kann gut als Verbzweitsprache angesehen werden. Im frühen Mittelenglischen änderte sich Grundlegendes: Sätze begannen viel seltener mit dem Objekt **und** zugleich erschien des Verb viel seltener in der zweiten Position. Die immer wichtiger werdende Regel für das Englische lautete: Das Subjekt geht dem Verb voran. So kommt es zu der fast allen aus dem Unterricht bekannten Regel: S-P-O – also Subjekt > Prädikat > Objekt. Diese Regel gilt so für das Deutsche nicht! (Siehe Satz a und b. Die Versuche, entsprechende englische Sätze zu bilden, schlagen fehl: *This novel have*

I read last summer oder *This novel did I read last summer,
This novel read I last summer* sind alle unmöglich.)

Augustin Speyer[15] konnte vor gar nicht allzu langer
Zeit nachweisen, dass es einen kausalen Zusammenhang
zwischen Objektvoranstellung und Verbzweit-Stellung
in der germanischen Sprachgeschichte gibt. Verschwindet das Erste, wird auch das Letzte seltener: Aus einer
Sprache, die dem Deutschen sehr ähnlich war (Alteng-
lisch), entstand das heutige Englisch, das sich in seiner
Wortstellung ziemlich stark vom Neuhochdeutschen
unterscheidet. Ergo: Verurteilt man Sätze mit vorgezo-
genem Objekt und leitet daraus den stilistischen Rat ab,
Sätze möglichst nicht mit dem Objekt, sondern mit dem
Subjekt zu beginnen, würde man der Ausbreitung des
heutigen englischen Musters S-P-O Vorschub leisten.
Die so typische Verbzweit-Regel ginge verloren. Das
wäre ein weit gewichtigerer »Verfall«, eine viel größere
Kapitulation vor der englischen Wortstellung als die
gelegentliche Übernahme von Konstruktionen, die so-
wieso im Deutschen angelegt sind, von unserer Sprache
aber bis zu einem bestimmten Punkt nicht produziert
wurden; die schon besagten: *das erinnere ich nicht, das
macht Sinn, in 2007.*

---

[15] Augustin Speyer (2005): »Topicalization and the Trochaic Require-
ment«. Penn Working Papers in: *Linguistics* 10. S. 243-256.

14 Doppelt und dreifach ...

Effektive Kommunikationssysteme mit hohem Tauglich-keitswert in der Praxis machen gern vom »zweifachen doppelt gemoppelt« Gebrauch. Die menschliche Sprache ist ein solches System. Viele Wissenschaften (angefangen bei der Theoretischen Informatik, der Kybernetik über die Sprachwissenschaft bis zur Soziologie) kennen das Phänomen des sogenannten »Rauschens im Kanal«. Wenn eine bestimmte Information von einem Sender (Sprecher) zu einem Empfänger (Hörer) übermittelt werden soll, geschieht das durch einen Kode (Sprache). Dieser Kode hat im (Normal-)Fall von menschlicher Sprache eine lautliche Seite. Schallwellen werden im Artikulationsapparat des Sprechers erzeugt und müssen in den Gehörgang des Empfängers gelangen. Dazwischen haben diese Schallwellen einen gewissen Weg zurückzulegen. Ein Rauschen im Kanal kann die optimale Übertragung beeinträchtigen. Nebengeräusche können stören, ein kurzer Ausfall beim Hörer (wenn der gähnt, schließen sich seine Ohren) oder ein Stocken beim Sprechen, ein ›Frosch im Hals‹, können verhindern, dass alles eins zu eins übertragen wird. Deswegen ist es von Vorteil, wenn bestimmte Informationen mehrfach kodiert werden. Ein sinnvolles Maß an Redundanz gehört also zu einem belastbaren Kommunikationssystem. Natürliche Sprachen machen sich das zum Prinzip und drücken wichtige Sachen mehrfach aus. Wir finden die von Bastian Sick ziemlich missbilligte »Pleonasmie« auf allen sprachlichen Ebenen. Zum Beispiel an der Schnittstelle von Syntax und Morphologie, wenn es um die Kennzeichnung des Subjektes geht. Die verschiedenen Sprachen der Welt nutzen unterschiedliche Strategien, um ein Subjekt als Subjekt zu identifizieren, meist aber bedient sich eine Sprache aller dieser Möglichkeiten mehr oder weniger. So auch das Deutsche. Da ist zuerst die Wortstellung: *Helmut kennt Ernst* oder *Sie mag sie*. Hier ist es so, dass der oder die jeweils zuerst Genannte das Subjekt ausmacht: es ist Helmut, der Ernst kennt, und nicht umgekehrt; beim anderen Satz ist es die erste Sie, die die zweite mag. Hier haben wir keine andere Möglichkeit, ohne Kontext auf die Verhältnisse zu schließen. In anderen Fällen haben wir andere Anhaltspunkte: nämlich durch die Hilfe des Kasus. *Der Hund fängt die Katze – Den Kater hat die Katze gebissen.* Im letzten Satz sehen wir, dass ein Objekt ruhig vor dem Subjekt stehen kann; wir interpretieren die Katze als Subjekt, also als Beißer, weil der Kater (*den Kater*) im Objektkasus, also im Akkusativ, steht. Als weiteres Mittel kann uns die Verbkongruenz dienen. Das gebeugte Verb stimmt in Person und Numerus immer mit dem Subjekt überein: *Die Katze haben die Hunde gebissen – Die Katze hat die Hunde gebissen.* Im ersten Satz wurde die Katze gebissen, denn *die Hunde* kongruieren mit dem Verb, sind also Subjekt. Im zweiten Satz ist die Katze das beißende Subjekt. In vielen Fällen kommen alle drei Möglichkeiten zum Einsatz: *Der Hund hat die Katzen verjagt*, ohne dass wir es als »doppelt gemoppelt« oder »dreifach getrippelt« empfänden.

Wie gesagt, ähnliche Redundanzen finden wir auf allen Ebenen. In der Morphologie zum Beispiel sind Französisch und Englisch geizig: Eine Art Dativobjekt wird nur einmal als solches ausgezeichnet: Englisch schaltet der Nominalphrase ein *to* vor, Französisch ein *à*. Wir Deutschen markieren oft den Artikel oder das erste Adjektiv und manchmal auch das Substantiv: *den dicken Männern.* Russisch und Latein drücken Dativ an allen Begleitern und am Nomen selbst ausführlichst aus. Dafür darf dann ein solches Dativobjekt auch an viel mehr Stellen im Satz auftreten. Im Englischen braucht ein Objekt sehr oft auch noch seine bestimmte, fixe Position im Satz, um sich als das zu erkennen zu geben, was es ist. Im Kapitel über die Redewiedergabe (Kapitel 10: »Was wollte er denn?«) wurde gezeigt, wie sich in Semantik und Pragmatik Mehrfachkodierungen manifestieren.

Natürlich wird auch in der Lexik vieles abgesichert, indem es doppelt ausgedrückt wird: *lohnenswert, letzt-* oder *schlussendlich, stillschweigend* werden von Bastian Sick genauso verurteilt wie *Vorderfront, hochstilisieren, Rückerstattung* oder *Eigeninitiative.* Weil das eine schon im anderen ausgedrückt sei. Aber: *First* gibt es nur in *Dachfirst, Rabi* nur in *Kohlrabi, Stütz* nur in *Liegestütz, Gall* nur in *Nachtigall, Brumme* nur in *Wuchtbrumme.* Dennoch bevorzugen wir die längere Form, die eigentlich pleonastisch ist, genau oder ähnlich wie in *Augenbraue, Leichnam, Bucheckern, Hagebutte, Zahnpasta* (zumindest früher, als man noch nicht italienisch kochte), *Rückgrat, Sternschnuppe, Biedermeier, Augenmerk, Blindschleiche, Durchlaucht* und *Schnürsenkel.* Selbst *Bauchnabel* wird häufiger verwendet als nur *Nabel, Windböe* öfter als blank *Böe, Nadelöhr* öfter als das blanke *Öhr,* auch findet man viel häufiger das Wort *Weltall* als *All* und nimmt keinen Stilanstoß daran, obwohl sich beide Begriffe in ihrer Bedeutung nichts nehmen. Ähnlich bei *Violoncello* und *Cello, Eidotter* und *Dotter* oder in großen Teilen Deutschlands bei *Fußzeh* und *Zeh.* Auch ein *Fußtritt* klingt verhältnismäßig normal, obwohl ein *Tritt* wahrscheinlich immer einen Fuß involviert.

Der *Einzigste* ist (bei Sick und anderen Normierern) schlecht, weil es ein Pleonasmus ist: was einzig daherkommt, ist schon allein – so die Erklärung. Aber: *in keinster Weise* ist wieder gut:

> Man nennt dies den »Elativ«, eine Steigerungsform, die sich herkömmlicher Logik entzieht [...]. Der Elativ, auch »absoluter Superlativ« genannt, wird außer Konkurrenz verwendet [...]. (Sick 1, S. 216)

Das riecht sehr nach Willkür. Warum soll man den Einzigen nicht auch »elativieren« können. Im Er*s*ten hält sich auch ein Superlativ versteckt, den wir nicht einmal mehr wahrnehmen – geschweige denn ankreiden, obwohl es auch der *Einte* tun würde. Goethe kannte übrigens sogar *den Letztesten*. Das kann man in einigen seiner Werke nachlesen, im »Faust. Zweiter Teil« zum Beispiel. Bekannt ist auch, dass er als 74-jähriger Greis seinen Schwarm, die damals 19-jährige Ulrike von Levetzow, als seine »letzteste Liebe« bezeichnete. Warum auch nicht?

Natürlich kann man verunsichert sein und ›Sprachekel‹ empfinden, wenn ›informationstechnisch‹ gar zu sehr auf der Stelle getreten wird – besonders bei Adjektiv-Substantiv-Kombinationen, aber ich denke, manchen Pleonasmus hat Bastian Sick für seine Tabelle auf S. 32ff. des dritten Bandes eigens erfunden: *im augenblicklichen Moment, runde Kreise* und *tote Leichen* kommen sicherlich nicht sehr häufig vor. Wenn aber jemand anfangs Startschwierigkeiten hatte, angeblich ein uneheliches Kind haben soll oder für eine Rückerstattung etwas zusammenaddiert, dann wird vielleicht manchem Rauschen im Kanal entgegengewirkt. Und es sollte immer noch Platz für Relativierung geben: ein Gedränge kann schon einmal mehr oder weniger dicht sein, *mit eigenen Augen sehen* unterstreicht die unmittelbare Wahrnehmung, auch wenn es ein Sehen ohne eigene Augen kaum gibt.

Jedenfalls wirkt eine Art des (angeblichen) Doppel-
ausdrucks der Zersetzung der deutschen Sprache entgegen – und prompt wird sie von Bastian Sick wieder
kritisiert. Und zwar in einem eigens verfassten Kapitel:
»Bitte verbringen Sie mich zum Flughafen« (Sick 3, S. 117).

Da geht es um die Anreicherung einfacher Verb(for-
m)en mit einem Präfix, einer Vorsilbe, die oft wie eine Präposition aussieht: *absenken, aufräumen, zuliefern*. Schon an
anderer Stelle wurde darauf aufmerksam gemacht, dass
das Deutsche im Gegensatz zum Englischen eine Objekt-
Verb-Sprache ist, bei der das Verb seine Grundposition
eben hinter dem Objekt hat. So ist es in Nebensätzen, in
denen das Verb **seinem Objekt folgt** (Engl.: where the
verb **follows/preceeds the object**) oder man hat **eine
zusammengesetzte Zeitform gewählt** (Engl.: one has
chosen a complex tense form). Diese typische Wortstellung, die eben gerade anders ist als im Englischen, ist dem
Deutschen lieb und teuer. Aber alles, was es unternimmt,
um nicht zu ›verenglischen‹, wird von Bastian Sick bemängelt: (1) die Konjunktivumschreibung mit *würde* im
Kapitel: »Der traurige Konjunktiv« (Sick 2, S. 77), oder (2) die
sogenannte tun-Periphrase im Kapitel: »Es macht immer
Tuut-Tuut!« (Sick 3, S. 63), oder (3) der Präteritumschwund
in »Imperfekt oder Präteritum« (Sick 2, S. 29).

(1) Ich läse ein Buch. *Ich würde ein Buch lesen.*
(2) Er schreibt ein Buch. *Er tut ein Buch schreiben.*
(3) Er schrieb ein Buch. *Er hat ein Buch geschrieben.*

Nun auch noch das letzte Restchen Verb in der sogenannten rechten Satzklammer: die hinten stehende Vorsilbe.
Es hat schon immer trennbare Verben gegeben. Das sind
Verben, die in Hauptsätzen mit einfachen Zeitformen
ihren Hauptbestandteil ziemlich weit vorn im Satz, an
zweiter Stelle, platzieren, wobei die zugehörige Vorsilbe
ganz hinten steht (vgl. auch im Kapitel 13 »Über Ver-

gangenheit [Präteritum und Perfekt] und Gegenwart [Mode]«):

> Ich *räume* gerade mein Zimmer *auf.*
> Er *traut* seinem Sohn auch rein gar nichts *zu.*
> Die Chefin *stellt* zum Saisonbeginn gern neue Kräfte *ein.*
> Ich *nehme* euch auf die Reise durch die Grammatik *mit.*

Somit gelingt es dem Deutschen wenigstens partiell, seinen Objekt-Verb-Charakter zum Ausdruck zu bringen: Ein Teil des Prädikates, des Verbs also, wird erst nach dem Objekt realisiert. An anderer Stelle wurde schon einmal gesagt, dass Partikelverben – wie diese Verben heißen – auf dem Vormarsch sind. (Das Englische verfügt zwar auch über ähnliche Verben z. B. *check up, come in, knock down* usw., die Stellungsregularitäten sind da aber anders.) Verben mit trennbarer Partikel müssten also als Kampfesgenossen gegen eine Anglisierung der Wortstellung bei Sprachhütern eigentlich hoch im Kurs stehen. Hinzu kommt, dass sie im Gegensatz zu den oben genannten Phänomenen wie die tun-Periphrase oder die würde-Umschreibung stilistisch unverdächtig sind. Weit gefehlt: Bastian Sicks Henry belehrt:

> Ein Bedeutungsunterschied zwischen senken und absenken lässt sich nicht nachweisen, daher kann man auf das »ab« getrost verzichten. (Sick 3, S. 118)

Sick selbst listet dann noch unnötige Verben wie *(ab)ändern, (ab)klären* usw. bis hin zu *(zu)liefern, (zu)schicken* auf. Ungeachtet der Tatsache, dass verschiedene Germanisten doch einen Bedeutungsunterschied nachweisen konnten, würde allein das wortstellungskonservierende Potential dieser Verben ihre Benutzung rechtfertigen. Aber die Sprachhüter und -pfleger à la Sick sehen das anders.

Henry ist ohnehin etwas blind für linguistische Feinheiten und in der Sprache angelegte Mehrdeutigkeiten,
auch wenn er selbst, Bastian Sick und seine Freunde
das anders sehen. So erkennt er nicht die evidentielle
Lesart von Vergangenheitsformen (»Das Imperfekt der
Höflichkeit«, Sick 2, S. 25), die prinzipiell verschiedenen
Bedeutungen der Negation (im Kapitel: »Nein, zweimal
nein«, Sick 3, S. 57) und einiges mehr.

Im Nachhinein etwas zu(m) Vorprogrammieren

>Vorprogrammiert« ist ein umgangssprachliches Blähwort,
über das schon Heerscharen von Sprachpflegern hergefallen sind – vergebens, denn es wird immer munter weiter
vorprogrammiert. Dabei wissen nicht nur Programmierer:
Man programmiert immer im Voraus, die Vorsilbe vor- ist
daher pleonastisch, zu Deutsch: doppelt gemoppelt. (Sick
1, S. 226 f.)

Ungeachtet der Tatsache, dass manchmal eine Verdopp-
lung sowohl informationstheoretisch gerechtfertigt als
auch strukturerhaltend motiviert ist, kann man Sicks
Behauptung hinterfragen. Ohne Zweifel hat Bastian
Sick Recht, wenn er sagt, dass Heerscharen von Sprach-
kritikern über dieses Verb hergefallen sind. An vielen
Stellen findet man die typisch normative Rhetorik, wenn
es um die Verunglimpfung bestimmter Wörter geht, so
auch dass *vorprogrammiert* ein überflüssiges, unnützes
und somit abzulehnendes Wort sei. Diese puristische
Propaganda hat meines Erachtens dazu geführt, dass
man mittlerweile viel öfter *programmiert* hört und liest, wo
das unbefangene Sprachgefühl *vorprogrammiert* gesetzt
oder erwartet hätte. Bastian Sick und Konsorten haben,
scheint es, gute Arbeit geleistet.

Dennoch kann man durchaus programmieren, ohne (etwas Bestimmtes) vorzuprogrammieren. Viele Programmierer wissen: In manchen empirischen Wissenschaften

werden Modelle entworfen und dann wird programmiert, um zu sehen, wohin, also zu welchem Ergebnis, die einzelnen Parameter führen (können). So gibt es für den Klimawandel, in der Meteorologie, Evolutionsbiologie, Soziologie, Ökonomie und neuerdings auch in der Sprachtheorie Modelle, die man durch Programme zu simulieren versucht. Um zu sehen, welche Ergebnisse man erwarten kann, wird ein solches Programm gestartet, das gewisse Parameter selbst erzeugt oder zufällig generieren lässt. Bestimmte Resultate sind dann eher ein Zufallsprodukt denn ein (vor-)programmiertes Ergebnis im Sinne einer intentionalen Implementierung. So theoretisch das nun auch klingen mag, steckt hier doch die sprachliche Intuition dahinter, dass, wenn man von *vorprogrammiert* spricht, gemeint ist, dass das eingetretene Ergebnis erwartbar war. Ein Blick in die Sprachwirklichkeit scheint dem Recht zu geben. In der Woche des Erscheinens der Kolumne spuckte Google beim Eintrag *vorprogrammiert* folgende Ergebnisse (im doppelten Sinne) zuerst aus: *Ärger, Katastrophe, stimmliches Versagen, Bürgerkrieg, Biotech-Gau, Pflegenotstand* – und zur positiven Überraschung auch einmal *Konsolidierung*. An diesen Ergebnissen lässt sich eine weitere Differenzierung von *programmieren* und *vorprogrammieren* ablesen. Das, was man als *vorprogrammiert* bezeichnet, ist stets etwas Abstraktes mit Ergebniseigenschaft. Das Verb *vorprogrammieren* geht eine gewisse lexikalische Solidarität mit seinen Objekten ein (siehe zu diesem Phänomen Kap. 8 und 22). Nur *programmieren* kann man auch und vor allem konkrete Maschinen: einen Computer, einen Großrechner, einen Automaten, sogar einen Fernseher, einen Videorecorder, eine Uhr, vielleicht auch eine Fernbedienung oder eine Waschmaschine. Die kann man nicht so ohne Weiteres *vorprogrammieren*. Unsere Sprache kann also durch die potentielle Differenzierung Feinheiten ausdrücken. Bei

vorprogrammieren schwebt eine zusätzliche Bedeutungs-
dimension mit, um die uns die Herren Sprachpfleger
wieder bringen wollen.

Programmieren an sich ist viel ›unterspezifizierter‹, wie
der Semantiker sagt. Es ist, wie wir gesehen haben, im Gegensatz zu *vorprogrammieren* problemlos auf Automaten
anwendbar und es impliziert kein Ergebnis. Das lässt sich
auch an der unterschiedlichen Akzeptabilität folgender
Sätze verdeutlichen: *Er hat wochenlang programmiert (und
programmiert), und nichts kam dabei raus* klingt gut. *Sie hat
wochenlang sinn- und ergebnislos vorprogrammiert,* ist nicht
akzeptabel. *Vorprogrammieren* ist halt doch etwas bedeu-
tungsschwerer als reines *programmieren*, und wenn uns
die Sprache dieses spezielle Verb anbietet, dann sollten
wir es entweder als unbekümmerte Sprecher in Einklang
mit unserem Sprachgefühl verwenden, oder als linguistisch Nachdenkende genauer betrachten, bevor wir es
nicht nur verurteilen – sondern vorverurteilen.

Außerdem: Jedes gute Wörterbuch gibt für das Verb
bereiten zwei Interpretationen. Erstens: ›zu-‹ bzw. ›vorbereiten‹, also das präparierende Tun, um etwas herzu-
stellen: *ein Bad bereiten, ein leckeres Frühstück bereiten*; und
zweitens: ›verursachen‹, ›auslösen‹, z. B. *etwas bereitet
Kopfzerbrechen*. Bei *vorbereiten* ist es offensichtlich: Man
bereitet, also man tut etwas im **Vor**aus. Jedoch ist beim
Verursachen oder im Auslösen ebenfalls eine Vorzeitig-
keit angelegt: Etwas Verursachtes setzt einen Vorzustand
voraus, der sich im entscheidenden Punkt vom Istzustand
unterscheidet. Diese Tatsache müsste Bastian Sick und
viele andere Sprachhüter nach der oben dargelegten
Logik veranlassen, sich für eine Streichung des Wortes
vorbereiten stark zu machen: *bereiten* ist immer *vorbereiten*.
Dennoch ist das Wort *vorbereiten* einfach zu lebendig, als
dass man es mit fragwürdigen Sprachgedanken auf seine
Existenzberechtigung prüfen müsste.

15 Bis zur Verzweiflung ...

Eine mehr als zweifelhafte Sache verbreitet Bastian Sick im Falle von *zweifeln*. Der Oberlehrer hat am Ende des zweiten Bandes den bereits erwähnten »Zwiebel«-Test: »Wie gut ist Ihr Deutsch?« ersonnen, um seinen Anhängern wieder zu bestätigen, dass sie doch so gut sind, oder falls sie das eine oder andere doch noch nicht wissen, so teilt er ihnen durch die vorgegebenen Antworten mit, wie sie ihre Mitmenschen wieder verbessern können. Frage 27 hat dann auf Seite 261 eine Auflösung, die folgende Aussage enthält:

> Der Objektsatz hinter »Zweifel haben an«, »zweifeln« und »bezweifeln« wird mit »dass« eingeleitet.

Das ist wieder eine typische normative Regel, die sich weder um die Sprachwirklichkeit noch um das Potential der sprachlichen Ausdrucksmöglichkeiten schert. In einem schönen Aufsatz (»Ein Zweifelsfall: Zweifeln im Deutschen«[16]) über diesen Fall hat der Student Markus Fischer zeigen können, dass die Sache viel komplexer ist. Erst einmal konnte er durch eine Analyse von Texten feststellen, dass selbst in der geschriebenen Sprache *zweifeln* häufiger mit *ob* als mit *dass* verwendet wird. Zugegeben, das allein würde die Sache nicht unbedingt richtiger machen (oder doch?). Und selbst eine erklärter-

---

[16] Markus Fischer (2005): »Ein Zweifelsfall: Zweifeln im Deutschen«. Linguistische Berichte 202, S. 127-169. Helmut Buske Verlag Hamburg.

116

maßen eher deskriptive als normative Grammatik wie Eisenbergs »Grundriss« schreibt:

Zweifeln ist ein umstrittenes Verb. **Zweifeln, dass** ist jedenfalls grammatisch, **zweifeln, wie** ist jedenfalls ungrammatisch. **Zweifeln, ob** ist ganz gebräuchlich, aber synchron ungrammatisch [sic!]. Es handelt sich bei **zweifeln, ob** um einen jener Grammatikfehler, die unmittelbar das Denken betreffen und . zugleich einen Eingriff in das Lexikon darstellen [...].[17]

Im Gegensatz zu diesen starren Behauptungen liefert Markus Fischer eine überlegte Analyse, die den Intuitionen der Sprechergemeinschaft Rechnung trägt. Mit dem jeweiligen Gebrauch von *dass* und *ob* ist bei *zweifeln* ein ähnlicher Unterschied verbunden, wie man ihn in der normativen Grammatik in Zusammenhang mit dem Verb *wissen* kennt:

Niemand weiß, dass es so ist versus *Niemand weiß, ob es so ist.*

Nur ist er bei den zweifeln-Verben etwas komplexer. Wer ihn ergründen und nachvollziehen will, sollte Fischers Artikel lesen. Hier seien nur ein paar der von ihm gesammelten Datenbeispiele präsentiert:

»In diesem Satz liegt die Ungewissheit der Kinder, die zweifeln, ob sie alles richtig machen oder nicht.« (Mannheimer Morgen)

»Noch am Mittwoch vorher zweifelte er, ob er starten solle, aber [...].« (Frankfurter Rundschau)

Diese Sätze klingen so ungrammatisch nicht! Macht man die Gegenprobe und setzt nun *dass* für *ob* ein, so wie es Bastian Sick verlangt, hört es sich viel zweifelhafter an.

---

[17] Peter Eisenberg (1999): »Grundriss der deutschen Grammatik. Der Satz«. S. 489. J. B. Metzler Verlag.

Ähnlich bei: *Ich habe lang gezweifelt, ob ich dieses Kapitel schreiben soll oder nicht.*

Wenn die im Nebensatz angebotene Alternative aus einer gewissen Perspektive noch nicht entschieden, also offen, ist, ist ein *ob* möglicherweise die einzige Möglichkeit – das wird jeweils ganz deutlich, wenn an den Satz ein »oder nicht« angefügt wird. *Sie hat lange gezweifelt, ob sie das Kind austragen soll oder nicht (und sich schließlich dagegen entschieden).*

Und neben Luther (siehe Kapitel 24: »Alles was recht ist«) hatte auch der gute alte Goethe seine Zweifel:

> »Ob Shakespearen die Ehre der Erfindung gehört, zweifl' ich genug […].« (Schriften zur Literatur)

Zweifeln wir indes an Sicks Kompetenz!

16 Ja, Qualität hat ihren Preis

Auf welche Weise volle Nominalphrasen (*der kluge Mann*), Pronomen (*er, sie, sein*), Namen (*Frau Grunert, Henry*) und Reflexivausdrücke wie *sich* in Sätzen verteilt sein dürfen oder müssen, ist eine hochkomplizierte Sache. Zur Erklärung oder Klärung der Verhältnisse haben kluge Köpfe jahrzehntelang das Verhältnis von Syntax und Semantik beleuchtet und es letztendlich einigermaßen befriedigend, aber längst nicht allumfassend geklärt. In ungeheurer Verkennung dieser Forschung großer Geister und mit typisch rhetorischem Pathos:

> Seltsamerweise hat noch nie jemand laut die Frage gestellt, von wem da eigentlich immer die Rede ist [...]. Wer ist dieser »seiner«? Ist es der, dessen Name nicht genannt werden darf? Ist es Hassan der Hofhund? Oder Gott womöglich?,

schreibt Bastian Sick die Regel neu:

> Das ominöse »sein« ist ein besitzanzeigendes Fürwort und bezieht sich auf die jeweils am Satzanfang genannte Sache oder Person. (Sick 3, S. 104)

Sehen wir uns aber einen kleinen Text an:

> *Seine Hausaufgaben hatte er nicht gemacht.*
> [Bernd hatte Angst.] *Seine Mutter könnte die Sache schneller erfahren, als ihm lieb war.*

Diese Beispielsätze reichen aus, um zu zeigen, dass es nicht ganz so einfach ist. *Sein* kann auch ganz gut selbst am Satzanfang stehen.

Es ging Bastian Sick in seiner Qualitätskolumne zuallererst aber um etwas anderes, und zwar um die Kritik an hin und wieder anzutreffenden Fehlern wie *Qualität hat seinen Preis* oder *Auch die kleine Version des Sportwagens hat seinen Reiz.* Das ist nun wirklich ungrammatisch, was daran liegt, dass im ersten Fall *Qualität* und *sein* im entscheidenden Merkmal nicht übereinstimmen. Wenn sich ein Pronomen – in dem Fall ein Possessivpronomen – auf einen anderen Ausdruck bezieht, dann muss dieses mit ihm kongruieren. Im konkreten Fall heißt das im Merkmal (weiblich): es heißt **die** Qualität, also muss es auch **ihre** heißen. Weitere Übereinstimmung in grammatischen Merkmalen ist nicht nötig. Diese Übereinstimmung heißt, wie Bastian Sick das richtig wiedergibt, Kongruenz – alles Weitere ist schlimmer Unfug:

> Die Grammatikaner haben dafür ein schwer auszusprechendes Wort gefunden: Kongruenz. Das ist aus dem Lateinischen entlehnt und bedeutet *Übereinstimmung.* Wörter, die sich aufeinander beziehen, müssen im gleichen Kasus, Genus und Numerus stehen. Sonst was? (Sick 3, S. 104f.)

Diese Aussage ist so was von unüberlegt und falsch, dass jeder Student für eine derartige Äußerung durch die Prüfung fallen würde. Gleiches Genus ja. Gleicher Numerus?

Der Mann hat seine Bücher ins Regal gestellt. (Mann = Einzahl, *seine* = Mehrzahl).

Kasus?: *Sie hat ihrem Bruder geholfen (Sie* = Nominativ, *ihrem* = Dativ).
Außer in Ausnahmefällen mit Genitiv oder bei Koordination **müssen** sich die Bezugswörter sogar im Kasus voneinander **unterscheiden**.

Auch Sicks weitere Argumentation, warum der Werbe-spruch *Die A-Klasse. Das sicherste Auto ihrer Klasse* rich-tig sei, und warum *Martin Luther – die eindrucksvollste Persönlichkeit ihrer Zeit* nicht richtig ist, ist falsch. Die Behauptung, dass sich bestimmte weibliche Pronomen nicht auf ein sächliches Substantiv beziehen können, ist ebenfalls unwahr.

Genau wie die Behauptung, dass ein ersichtliches natürliches Geschlecht nicht bei der Pronominalisierung berücksichtigt werden darf:

> Eine Formulierung wie »Im anderen Abteil saß ein rot-haariges Mädchen mit einer knallbunten Reisetasche. Ich grüßte kurz und setzte mich neben sie« ist grammatisch nur dann einwandfrei, wenn der Erzähler sich auch neben die knallbunte Reisetasche gesetzt hat. (Sick 3, S. 107)

Alle Bezeichnungen für männliche und weibliche Sub-stantive werden grammatisch sächlich (zum Neutrum), wenn sie durch *-lein* oder *-chen* verkleinert werden. Den-noch erkennt der kompetente Sprecher aus der inneren und eigentlichen Bedeutung, dass ein Fräulein oder ein Mädchen ein weibliches Wesen ist. Dieser Bedeu-tungsbestandteil bleibt auch bei der Verkleinerung oder Verniedlichung erhalten, und deshalb kann auch das feminine Pronomen *sie* ein Mädchen oder ein Fräulein im weiteren Text oder gar im selben Satz wieder aufnehmen. In vielen Fällen würde die Sick-Regel geradezu komische Texte produzieren:

Und plötzlich kam Fräulein Müller herein. Es trug einen Minirock, der knapper war als alles, was ich bisher an ihm gesehen hatte.

Für die Bildungsbürger an dieser Stelle wieder einmal Thomas Mann:

»**Fräulein Grünlich** war unter Therese Weichbrods Obhut in Züchten herangewachsen, und **ihre** Gedanken gingen nicht weit.« (»Die Buddenbrooks«)

»[...] und **Fräulein Levi**, die magere, du erinnerst dich, – **sie** hat so lange zu Bett gelegen.« (»Der Zauberberg«)

»[...] als daher eines Tages seine Kinder von einer Reise nach Westpreußen **dies junge Mädchen** – **sie** war erst jetzt zwanzig Jahre alt – als eine Art Jesuskind mit sich ins Haus gebracht hatten [...].« (»Die Buddenbrooks«)

Noch besser ist die Entscheidung für die weibliche Form, wenn ein Name verniedlicht wird.

Lieschen brachte sein Lieblingsbuch mit; Evchen sagte, dass es neue Schuhe brauche klingen fast ungrammatisch, viel komischer jedenfalls als *Lieschen brachte ihr Lieblingsbuch mit, Evchen sagte, dass sie neue Schuhe brauche,* obwohl es *das (fleißige) Lieschen* und *das (unruhige) Evchen* und nicht *die (faule) Lieschen* oder *die (kleine) Evchen aus Nürnberg* heißt.

Und letztendlich: Pronomen, die in der Mehrzahl stehen, können sich auch auf etwas beziehen, das nur in der Einzahl vorliegt. Komplizierter gesagt: Nicht alle Pluralpronomen brauchen ein Bezugswort, das ebenfalls in der Mehrzahl vorliegt. Manchmal kann ein Substantiv im Singular von einem Pronomen in der Mehrzahl wieder aufgegriffen werden, wenn das Substantiv durch bestimmte weitere Angaben im Satz zu einem Quasi-Plural angehoben wird, siehe die beiden nächsten Sätze:

*Zum Treffen brachte jeder Bewerber **eine Blume** mit. Da es keine Vase gab, waren **sie** alle am Abend verwelkt.*
*Aus vier Heimen verschwand (jeweils) **ein Junge**. Als klar war, um wen es sich handelte, teilte man der Polizei **ihre** Namen mit.*

Von wegen:

> Das Pronomen »ihre« deutet indes auf eine Mehrzahl hin,
> die man [...] aber vergeblich sucht. Auch wenn die Zahl
> »vier« darin vorkommt [...]. (Sick 3, S. 107)

Wie Sick **nicht** weiß, haben sich einige Sprachwissenschaftler, Logiker und Philosophen mit den von ihm
auszugsweise skizzierten Problemen befasst, hochkomplizierte Debatten ausgelöst und kluge Bücher geschrieben, Noam Chomsky zum Beispiel mit seinem ABC
der Bindungstheorie aus den »Lectures on Government
and Binding« – bei www.amazon.de gerade gar nicht
zu haben – oder Hans Kamp und Uwe Reyle in »From
Discourse to Logic« (empfehlenswert mit Hinblick auf
die erwähnten Phänomene ist besonders das Kapitel über
Plural), das in der gebundenen Version stolze 300 Euro
kostet. Bastian Sicks Werk kostet 8,95 Euro. Qualität hat
eben ihren Preis.

17 Auf Distanz zu Henry. Wer war denn das noch mal?

Man hat zuweilen den Eindruck, Bastian Sicks Freund Henry[18] ist eine fiktive Gestalt, die immer dann herhalten muss, wenn die diskutierte sprachliche Erscheinung so allgemein akzeptiert ist, dass ein etwaiges Infragestellen derselben allzu sehr an Pedanterie oder Besserwisserei gemahnt. Wenn Henry auftaucht, schlüpft Bastian Sick nicht selten selbst in die Rolle desjenigen mit gesundem Menschenverstand und gängigem Sprachgefühl. Dennoch möchte die jeweilige Kolumne doch lehrmeisterlich darauf hinweisen, dass es um die Deutschen und ihre Sprache besser bestellt wäre, benutzte man sie wie sein Freund Henry. Nun ist jedoch fraglich, ob Henrys Sprachhygiene der deutschen Sprache überhaupt gut täte. An dieser Stelle soll ein eher pragmatisches Phänomen betrachtet werden. Es wird also nicht vordergründig um eine sprachliche Form, sondern um die bestimmte Verwendung einer Form gehen – noch einmal um die Vergangenheit. Auch hier scheint wieder der sprachpflegerische Gedanke dahinterzustecken, dass eine sprachliche Form auch nur mit einer wohldefinierten Bedeutung zu assoziieren sei. Und die sei derart: Präteritum steht

---

[18] So ein Zufall: Um mehr über den immer wieder angeführten »sprachgewandten« Freund Henry in Erfahrung zu bringen, habe ich im Internet nach einem Henry Caspari geforscht. Die einzige Person, die unter diesem Namen im Netz auffindbar war, stammte aus meinem Heimatort, der keine 4000 Einwohner hat: Themar – eine kleine Stadt im Süden von Thüringen!

für Vergangenheit. Denn, so fragt Bastian Sicks Freund Henry:

> Ist [...] noch nie aufgefallen, dass [...] ständig die Vergangenheitsform benutzt wird, ohne dass es dafür einen zwingenden Grund gibt? (Sick 2, S. 25f.)

Damit nimmt er die Frage eines Empfangschefs aufs Korn, der zur Begrüßung fragte: *Wie war ihr Name?* In der Anmaßung, die Regel über den Gebrauch der grammatischen Vergangenheitsform richtig zu kennen, entgegnet Henry mit einer süffisanten und didaktisch überheblichen Erklärung:

> Früher war mein Name Kurz, aber vor drei Jahren habe ich geheiratet und den Namen meiner Frau angenommen, deshalb ist mein Name heute nicht mehr Kurz, sondern länger, nämlich Caspari.

Nun, das bedeutet eine sehr eingeschränkte Verwendung des Präteritums, nämlich die (einfache) Vergangenheitsform nur für Ereignisse in der Vergangenheit und gegebenenfalls für Zustände, die heute nicht mehr gelten, zu benutzen. Es ist leicht zu sehen, dass das sprachliche Tempus so nicht funktioniert. Ein unter Linguisten inzwischen berühmter Minitext zur Illustration des Phänomens ist folgender: *Sie fanden Barschel in der Badewanne. Er war tot.* Nun ist uns allen klar, dass Barschel nicht wiederauferstanden ist. Er war, blieb und ist nicht mehr am Leben. Dennoch klingt die Verwendung der Vergangenheitsform viel angebrachter als *Er ist tot.* Der Gebrauch der Zeitformen ist sehr kontextabhängig. Wichtig für die Information war, dass Barschel zum Zeitpunkt seines Auffindens nicht mehr unter den Lebenden weilte. Der Vortext erzeugt die gedankliche Rekonstruktion einer Situation in der Vergangenheit. Und darin bewegt sich dann auch die Information über

Barschels Tod. Dass er damals beim Auffinden tot war, ist wichtig. Dass er heute immer noch tot ist, ist für den Sachverhalt egal und zwingt uns nicht zur Verwendung der Gegenwartsform.

Ähnliche Sachen sind sehr häufig, zum Beispiel in folgendem Kontext: Jemand möchte eine vergangene Situation präsentieren und fragt: *Erinnerst du dich an die große Frau gestern auf der Party?* Dann setzt er fort: *Das war eine Finnin.* Von heute auf morgen ändert man seine Nationalität nicht (frau auch nicht). Der Sprecher wollte bloß eine Mitteilung über eine Sache machen, deren Gültigkeit in der Sprechsituation womöglich nicht mehr von Belang ist. Wäre die finnische Staatsbürgerschaft der guten Frau von entscheidender Bedeutung für die nachfolgende Unterhaltung, hätte sich der Sprecher auch gut für Präsens, also die Gegenwartszeitform, entscheiden können.

Man stelle sich vor, mindestens einer von zwei gemeinsamen Besuchern eines sehr komplexen Gebäudes wünscht dieses zu verlassen. Er ist etwas ver(w)irrt und fragt: *Wo war der Ausgang?* Mitnichten möchte er erfragen, wo sich eine inzwischen zugemauerte Tür befindet. Er beschwört durch die Verwendung des Präteritums gleichsam die Situation in der Vergangenheit herauf, bei der beide wahrscheinlich zugleich ins Gebäude kamen. Noch ein Beispiel: Man würde die Fragestellerin in gegebenem Szenario auch nicht für schizophren halten: *Weißt du noch letztes Jahr im Urlaub? Unsere Nachbarn? Die hatten doch eine Zwergpudelzucht. Ruf doch mal an und frage, ob die gerade Welpen verkaufen.* Die Benutzung der Vergangenheitsform *hatten* steht nicht im Widerspruch zum Vorschlag der Sprecherin, die ehemaligen Urlaubsnachbarn anzurufen. Sie bedeutet entweder, dass die Nachbarn während des inzwischen zurückliegenden Urlaubs offensichtlich eine Zwergpudelzucht hatten, oder aber, dass sie behaupteten, eine zu haben. Und zwar derart, dass man gut und gern daraus schließen kann, dass eine nicht niedrige Wahrscheinlichkeit gegeben ist, dass diese Zucht weiterhin fortbesteht.

Und ebendiese Verwendungsweise des Präteritums liegt bei der Frage vor: *Wie war ihr Name?* Dieser Sprechakt bedeutet nämlich nicht: *Wie hießen sie dereinst?*, sondern: *Welchen Namen haben Sie bei der Bestellung angegeben?* Es wird also, ohne wörtlich auf die Vergangenheit zu sprechen zu kommen, an eine zurückliegende Äußerungssituation appelliert. Das ist der von Henry übersehene Grund. Dieser ist vielleicht tatsächlich nicht immer zwingend, aber meist angebracht. Viel angebrachter als die sture Ignoranz und Verdrängung der evidentiellen Lesart von *wollen*, die wir schon eingehend diskutiert haben (Kapitel 10: »Was wollte er denn?«).

Die Interpretation und Henry zur Versöhnlichkeit aufrufende Behauptung von Bastian Sick:

> Das Imperfekt in der Frage drückt respektvolle Distanz aus. (Sick 2, S. 27)

– wieder nur so eine Halbwahrheit. In der Tat nimmt der Sprecher durch die Verwendung des Präteritums etwas von seiner interrogativen Forderung zurück, aber nur insofern, als er auf eine vorangegangene Äußerung des Gesprächspartners Bezug nimmt. Er erinnert denjenigen, den er fragt, an dessen ursprünglichen Wunsch, dessen Aussage oder Frage und minimiert somit seinen eigenen illokutiven Anspruch, was dann wiederum als Freundlichkeit verstanden wird. Das geht aber nur, wenn der zu Fragende sich zuvor in irgendeiner Form mitgeteilt hat. Will man ohne Vorgeschichte von jemandem etwas wissen, kann man nicht mit der Vergangenheitsform Punkte für Distanz oder Freundlichkeit gewinnen, son dern läuft Gefahr, nicht für voll genommen zu werden: *Sagen Sie bitte: Wie kam ich hier auf dem schnellsten Wege zum Bahnhof? Konnten Sie uns zehn Euro wechseln? Kannten Sie sich hier aus? Wie ging ich nach der Brücke weiter?*

18 Der dritte Sick ist grün

In der Geschichte über Bastian Sicks und Henry Casparis Restaurantbesuch wird eine weitere sprachliche Erscheinung zum »Gipfel der Unsäglichkeit« gemacht (Sick 2, S. 27) und zwar eine sehr verbreitete Art der Metonymie, die noch mindestens vier weitere Kolumnen füllt: »Ich bin die gelbe Markise«, »Sind Sie die Kasse«, »Wörtliche Rede wörtlich genommen« (*Entschuldigen Sie, wo finde ich Frank Schätzing?*) und »Der Blinddarm liegt auf Zimmer 3« (Bastian Sick zusammen mit Anne Jacobsen), welche mit einem Hörfunkbeitrag: »Imbissdeutsch für Fortgeschrittene« in Beziehung steht. Da empört man sich über die zugegebenermaßen lustig klingende Frage: *Waren Sie das Schaschlik oder die Curry-Wurst?* Auch in dieser Angelegenheit ist es wieder zweimal Henry, der in seiner Funktion als Übereiferer ein ganz gewöhnliches sprachliches Phänomen zum Unding erklärt. Bastian Sick in seiner versöhnlichen Art entgegnet:

> Es ist ein völlig normaler Prozess der Umgangssprache, Dinge zu verkürzen.

Wie ist das nun zu lesen? Macht sich Herr Sick plötzlich zum Anwalt der Umgangssprache, die er sonst so oft für ihre Gepflogenheiten rügt? Wahrscheinlich nicht. Übrigens lässt sich feststellen, dass die Umgangssprache oft deshalb abgelehnt wird, weil sie sich besonders umständlicher Konstruktionen bedient. Manche Linguisten argumentieren dafür, dass gerade das den von mir so genannten Sprachekel auslöst. Menschen werden dafür mit soziolinguistischer Verachtung gestraft, dass sie die Dinge unnötigerweise umständlich ausdrücken. In der Tat: die tun-Periphrase ist länger als ihr standardsprachliches Pendant (a), Perfekt länger als Präteritum (b), das grammatische Perfekt ist dennoch kürzer als das von Sick so genannte Ultra-Perfekt (c) (siehe Sick 1, S. 179), die würde-Umschreibung länger als die von Normierern bevorzugte Konjunktiv-II-Variante (d); der Dativpossessiv länger als die Genitivkonstruktion (e); auch in Relativsatzkonstruktionen (f), beim Vergleichen in (g) und (h) oder in eingebetteten Fragen (i) ist die kürzere Variante die bevorzugte, die längere die verpönte – so auch die Beispiele in (j):

(a)	*Ich tu' da sehr gern arbeiten.*	*Ich arbeite da sehr gern.*
(b)	*Er hat nur einen Happen gegessen.*	*Er aß nur einen Happen.*
(c)	*Der Hund hat doch gebellt gehabt.*	*Der Hund hat doch gebellt.*
(d)	*Sie würde gern kommen.*	*Sie käme gern.*
(e)	*dem Vater sein Auto*	*Vaters Auto*
(f)	*die Leute, die wo ich kenne*	*die Leute, die ich kenne*
(g)	*schöner als wie im Märchen*	*schöner als im Märchen*
(h)	*die meistverkaufteste CD*	*die meistverkaufte CD*
(i)	*ich frage mich, wohin dass er geht*	*ich frage mich, wohin er geht*
(j)	*zumindestens*	*zumindest oder mindestens*
	nichtsdestotrotz	*trotzdem, obgleich*
	von daher	*daher*

Das, was den Herren Sick und Caspari über den Weg gelaufen ist, ist keineswegs einzig eine Erscheinung der Umgangssprache, sondern ein ganz normales sprachlich-kognitives Prinzip: die schon erwähne Metonymie. Das populärwissenschaftlich orientierte österreichische Portal mediamanual.at gibt dazu folgende Erklärung:

> Eine Metonymie ist ein Zeichen, das – wird es wahrgenommen – ein Konzept evoziert, aber nicht mit dem Objekt assoziiert wird, auf das es sich bezieht, sondern mit einem

anderen. Nehmen wir als Beispiel folgenden Satz: »Das Weiße Haus kündigte heute an, dass der Präsident demnächst in den Nahen Osten reisen wird.« – Normalerweise würde das Zeichen #Weißes Haus# ein großes weißes Haus denotieren, in dem der Präsident der Vereinigten Staaten residiert. Fasst man die Wendung »das Weiße Haus kündigte an« wörtlich auf, müsste man als selbstverständlich erachten, dass Häuser sprechen können, für die meisten Leser wird dies wohl inakzeptabel sein.

Stattdessen werden die meisten Leser das Zeichen #Weißes Haus# in diesem Kontext mit der Administration der US-Regierung verbinden und annehmen, dass die Mitteilung durch einen Pressesprecher im Namen des Präsidenten erfolgte. Folglich wird das Zeichen #Weißes Haus# nicht als Referenz auf das Haus selbst genommen, sondern als Verweis auf das Prozedere bei offiziellen Mitteilungen der US-Regierung.

Die deutschsprachige Wikipedia illustriert weiter.

Häufige Arten der Metonymie sind:
- Ursache steht für Wirkung oder Erzeuger für Erzeugtes, z.B. der Name des Autors für sein Werk (*Schiller lesen*) oder umgekehrt die Wirkung für die Ursache (*Viel Lärm um nichts* für ›Streit‹) [...].
- Gefäß steht für Inhalt (*ein Glas trinken*) oder das Land für dessen Einwohner bzw. Regierende (*Frankreich verhandelt mit England*) oder der Raum für die darin befindlichen Personen (*der Saal applaudiert*) oder die Epoche für die darin lebenden Personen (*das Mittelalter glaubte*)
- Besitzer für das Besitztum, Befehlshaber für die Ausführenden (*Hannibal erobert Rom*) [...].

Hierher gehört nun auch das Faktum, das Bastian Sick mit großem Echo in mehreren Kolumnen komödiantenhaft vorgestellt und breitgetreten hat, obwohl es sich um eine besondere, temporäre, sehr kontextbezogene Variante der Metonymie handelt. Sicherlich lassen sich da äußerst lustige Geschichten berichten. Ein Phänomen der Umgangssprache ist es aber nicht. Es wird lediglich auch in diesem Register eingesetzt und treibt dann kuriose Stilblüten. Interessant allerdings ist die Sick'sche Interpretation:

> Immer wieder geschieht es, dass Menschen sich aus freien Stücken und ohne Rücksicht auf Ansehen und Würde zu Objekten degradieren […]. Mit der gleichen Selbstverständlichkeit, mit der wir uns selbst zur Sache erklären, setzen wir auch andere Menschen mit Objekten gleich […]. (Online-Beitrag vom 16.08.2006)

Dagegen ist nichts zu sagen. Es soll lediglich zitiert und einer anderen, ebenso gültigen wie ungültigen Ansicht gegenübergestellt werden. Übereifrige selbsterklärte Soziolinguisten und Soziologen haben in der von Herrn Sick präsentierten Art von Metonymie keinen Verfall der Sprache, sondern einen Verfall der gesamten Gesellschaft oder zumindest der sozialen Werte gesehen. Diese Leute haben dieselbe Erscheinung nicht wie Bastian Sick dahingehend interpretiert, dass Menschen sich zu Sachen erniedrigen, sondern quasi im Gegenteil – dass Sachen zu Menschen aufgewertet würden. Wenn jemand also auf den Parkplatz zeigt und sagt: *Ich stehe da, rechts hinten neben dem roten Sportwagen* oder wenn jemand beim Klingeln eines gerade nicht zu sehenden, aber akustisch wahrzunehmenden Mobiltelefons ausruft: *Entschuldigung, das bin ich*, dann, so die fragwürdige (Sozio-)Logik, definiere man sich nicht mehr über seine inneren Werte, also seine Persönlichkeit, sondern über seine äußeren: den Besitz, das Eigentum. Also, im Sinne von Erich Fromm (»Haben und Sein«): Wir würden immer mehr zu einer Gesellschaft, in der das Haben und nicht das Sein regiert. Wir sind, was wir haben. Wir sind nicht mehr wir selbst, wir sind unser Besitz – oder sogar: unser Besitz ist ›wir‹. All diese Untergangsprophezeiungen – und das

nur, weil uns die natürliche Sprache und die menschliche Fähigkeit des Denkens die Möglichkeit geben, in
Anpassung an den Kontext Bedeutungen zu verschieben
und zu differenzieren!

19 Über Frauen in leitenden Positionen und große kleine Männer

Die im letzten Abschnitt besprochene Metonymie ist eng verwandt mit dem Konzept der Polysemie, zu Deutsch: Mehrdeutigkeit. Begriffe lassen sich sehr oft nicht auf eine konkrete Verwendungsweise festlegen, sondern werden im jeweiligen Kontext immer etwas anders gebraucht und verstanden. Gerade das letzte Verb des vorhergehenden Satzes: *verstanden*, ist ein Partizip von *verstehen*. Man kann zum Beispiel etwas akustisch verstehen. In dem Fall hat man es klar und deutlich vernommen. Deswegen braucht man die Sache noch lange nicht intellektuell verstanden zu haben – im Sinne von *begreifen*.

Meistens sagt uns der situative oder der sprachliche Kontext, welche Bedeutung von *verstehen* gerade gemeint ist. Auch Adjektive werden systematisch an den Kontext angepasst: *gut* zum Beispiel. Eine gute Mutter ist anders gut als ein guter Koch. Eine sehr gute Sängerin kann sehr wohl ein schlechter Mensch sein. Für die meisten war Napoleon ein großer Feldherr, obwohl er mindestens einen Kopf kleiner war als das Gardemaß. Man wird sich darüber streiten können, ob Putin und Schröder große Staatsmänner sind bzw. waren, groß gewachsene Männer waren und sind beide nicht. Diese Art der Adjektivpolysemie ist ganz gewöhnlich. Bestimmte Uminterpretationen, vor allem bei adjektivisch gebrauchten Partizipien, sind im Englischen durchaus üblicher als im Deutschen, dennoch haben wir ähnlich gelagerte Fälle.

Bastian Sick doziert in seinem »Zwiebelfisch ABC« unter [s] (Sick 1, S. 225):

> Stehende Ovation/Stehbeifall
> Der englische Ausdruck »standing ovation« bedeutet »stür-misch er Beifall, Stehbeifall«. Die Wiedergabe mit einem Partizip (stehend) kollidiert mit der deutschen Grammatik, denn stehend ist nicht der Beifall, sondern das Publikum.

Im Deutschen finden wir Beispiele wie *eine Frau in leitender Stellung*. Protestiert hier die Grammatik, weil nicht die Stellung leitet, sondern die Frau eine Leitungsfunktion innehat?

In einem Artikel aus der Zeit vom 27.04.2006 über Freuds legendär gewordene Couch liest man:

> Die überragende Bedeutung verdankt der schlichte Diwan dem Vater der Psychoanalyse selbst. Nach seiner Rückkehr von seinem Studienaufenthalt in Paris eröffnete der 31-jährige Nervenarzt in Wien eine Privatpraxis, in der er die Patienten nach dem Vorbild seines französischen Lehrmeisters Jean-Martin Charcot in liegender Position hypnotisierte.

Fast jeder versteht diesen Satz so, dass nicht die Position liegt, sondern der Patient. (Böswillige Versteher sind selbstverständlich in der Lage, Freud selbst in die Liegeposition hineinzuinterpretieren.)

Hätte man sich an der Formulierung *zögernder Applaus* genauso gestört? Hier steht kein englisches Konstrukt dahinter. Und hier ist es auch nicht der Beifall, der zögert, sondern wieder das Publikum.

Die folgende »Zwiebelfisch«-Belehrung gleich darunter, ebenfalls unter [s] bemängelt den Begriff *Stundenkilometer*:

Stundenkilometer / Kilometer pro Stunde
Der Begriff Stundenkilometer ist eine umgangssprachliche Maßeinheit, die auf einem physikalischen Irrtum beruht. Es gibt nämlich kein Produkt aus Stunden und Kilometern, welches anzeigt, wie viel Kilometer man in einer Stunde zurücklegt.

Und wie ist es mit dem Wort *Lichtjahre*? Diesen Begriff gibt es sowohl in der Fachsprache der Physik als auch im Standarddeutschen oder sogar in der Poesie. Hier meint man damit aus Unkenntnis kein Produkt aus Licht und Jahren, ja nicht einmal eine Zeit oder Geschwindigkeit, sondern eine Strecke, nämlich knapp 10 Billionen Kilometer, die Entfernung, die Lichtwellen im Laufe eines Jahres im Vakuum zurücklegen. Auch die physikalische Größe *Newtonmeter* ist weder umgangsprachlich noch ist damit das Multiplikationsergebnis aus dem guten alten Sir Isaac mal Schrittlänge gemeint, sondern die Maßeinheit des Drehmoments (das Vektorprodukt aus Kraftarm mal Kraft).

Stundenkilometer scheint mir eine gelungene Bezeichnung für die komplexe physikalische Größe der Geschwindigkeit – zumindest im Bereich der gängigen menschlichen Fortbewegung. Weniger gelungen scheint mir der Ersatz von *Stundenkilometer* durch *Tempo*, wie Bastian Sick es vorschlägt.

20 Mit diesem Kapitel verabschiede ich mich (fast)

Zum Abschluss der Reise durch die Linguistik noch eine kleine Einführung in einen Aspekt der Pragmatik. Diese Disziplin wird oft schon gar nicht mehr als Bestandteil der Linguistik im engeren Sinne gesehen, maximal als Schnittstelle zum sozialen Handeln, zu welchem auch Kommunikation in nicht unwesentlichem Maße gehört. Eine ganz lapidare Erkenntnis hat die Sprachwissenschaft und eigentlich auch die Philosophie vor gut einem halben Jahrhundert revolutioniert. Es handelt sich dabei um John Austins explizite Darstellung, dass Sprache die Welt nicht nur abbildet, sondern sie auch verändern kann. Was ist damit gemeint?

Lange galten einfache Aussagesätze als Behauptungen, die (in einer bestimmten Situation) entweder wahr oder falsch sind. Das gilt für Sätze wie *Angela Merkel ist die erste Bundeskanzlerin Deutschlands. Bastian Sick ist Mitglied der Dudenkommission. Ich hatte gestern großen Hunger.* Austin hat deutlich gemacht, dass sich in bestimmten Situationen die Frage der Wahrheit nicht stellt. Bestimmte Sätze machen sich quasi selber wahr. Beispiele wären: *Ich taufe dieses Schiff auf den Namen ›Anna Bolena‹. So, ich verabschiede mich jetzt* oder *Ich wette, morgen regnet es* oder *Hiermit sind Sie entlassen. – Hiermit erklären wir Sansibar den Krieg.* Diese Sätze sind oder repräsentieren sogenannte Sprechakte: Indem der Sprecher den fraglichen Satz äußert, sagt er nichts Wahres oder Falsches, sondern er schafft eine neue Realität:

Ein Schiff trägt dann einen Namen, oder ein Mitarbeiter hat seinen Job verloren. Damit solch ein Sprechakt tatsächlich zur Realität wird – man sagt auch »damit er glückt« –, müssen bestimmte Bedingungen gegeben sein. Manche Sprechakte sind nur von gesellschaftlich dazu autorisierten Personen ausführbar. Zum Beispiel konnte nur der amtierende deutsche Bundespräsident Köhler im Beisein des FIFA-Präsidenten Blatter mit der richtigen Konsequenz sagen: *Ich erkläre die Fußball-Weltmeisterschaft 2006 in Deutschland für eröffnet.* Nur ein eingetragener Standesbeamter oder vielleicht auch ein kirchlicher Würdenträger kann zu zwei erwachsenen, unverheirateten Menschen mit der nötigen Autorität sagen: *Hiermit erkläre ich Sie (oder Euch) zu Mann und Frau.* Ein zufällig am Hafen vorbeispazierender Junge kann nicht mit der gleichen Konsequenz rechnen, wenn er zu einem verankertem Boot ohne Aufschrift ausruft: *Hiermit taufe ich dich auf den Namen ›Pam‹.* Andere Handlungen sind dahingehend weniger eingeschränkt: ein jeder kann etwas versprechen, geloben, ankündigen, jemanden grüßen, sich verabschieden usw.

Bastian Sick philosophiert nun während seiner Vorlesung in der Köln-Arena über ein solches Verb und seine sogenannte performative Kraft: *willkommen heißen.* Diese Ausführungen kann man im dritten Band unter der Überschrift: »Unsinn mit Ansage« nachlesen (Sick 3, S. 53ff.). Für Bastian Sick sind die ›Glückensbedingungen‹ oder ›Gelingensbedingungen‹ erfüllt, wenn sich die willkommen heißende Person früher an dem Ort des Geschehens befindet als diejenige, die willkommen geheißen wird. Deswegen mokiert er sich über eine Flugbegleiterin, die nach der Landung die Passagiere willkommen heißt.

»Willkommen in Klagenfurt!« – »Moment mal«, dachte ich, »wie geht denn das? Die ist doch die ganze Zeit mit uns geflogen, wie kann sie mich jetzt plötzlich am Ziel willkommen heißen? Und woher weiß sie, dass ich in Klagenfurt willkommen bin?« Was Stewardessen offenbar nicht wissen: Man kann nur dann jemanden willkommen heißen, wenn man ihn empfängt. Das Flugpersonal kann mich an Bord willkommen heißen, weil es mich dort empfängt, aber um mich in Klagenfurt willkommen heißen zu können, hätte die Stewardess eine Maschine früher nehmen müssen. Wenigstens aber hätte sie eben das Treppchen hinuntertrippeln müssen, etwas Klagenfurter Luft einatmen und anschließend das Treppchen wieder hinauftrippeln müssen, um sich für einen Willkommensgruß zu qualifizieren. (Sick 3, S. 55f.)

Überlegt man es sich genauer, sieht es anders aus. Zur Äußerung eines Willkommensgrußes reicht die einfache zeitlich vorausgehende Präsenz nicht aus. Man muss eine gewisse autoritative Beziehung zum Ort des Willkommens haben. Nur weil man ein paar Augenblicke vor jemand anders da war, kann man den nicht empfangen wie ein Gebieter und sich quasi als Gastgeber aufspielen. Wenn ein ABC-Schütze von sechs Jahren durch seine Flinkheit eine halbe Minute früher ins Klassenzimmer huscht, ermächtigt ihn das nicht, seine Lehrerin mit einem Willkommensgruß zu empfangen. Wenn die Sprechstundenhilfe Patienten A schon in das zweite Untersuchungszimmer des Arztes bittet, während der sich noch im ersten von Patient B verabschiedet, kann das Patient A noch lange nicht zum Anlass nehmen und den Arzt bei seinem Erscheinen im Sprechzimmer 2 mit den Worten zu begrüßen: *Ich heiße Sie herzlich willkommen* – eher umgekehrt. Jemand, der einen anderen willkommen heißen kann, muss, wie gesagt, in einer besonderen Beziehung zur jeweiligen Lokalität stehen: die Immobilie besitzen, über sie beruflich verfügen, sie bewohnen, einen gesellschaftlich anerkannten Sitz dort haben oder ähnliches.

So kommt es, dass der Vermieter einer Urlaubsunter-
kunft die Gäste auch dann willkommen heißen kann,
wenn er fünf Minuten später auf dem Hof des Hauses
eintrifft, wo die Urlauber schon auf ihn warten. Er kann
auch gleichzeitig mit ihnen das Anwesen betreten und sie
dabei willkommen heißen. Ja, manchmal muss der Will-
kommenheißer physisch gar nicht präsent sein. Charlie
kann von wo aus auch immer seine Engel durchaus in
seinem Büro empfangen und willkommen heißen, ohne
überhaupt zugegen zu sein – einfach, weil es sein Büro
ist, die Engel aber als seine Auftragnehmer erscheinen.
Ähnliches bevollmächtigt die Stewardess zum Willkommensgruß. Sie ist die Angehörige einer Fluggesellschaft,
die mit Sicherheit einen Sitz auf dem Zielflughafen hat.
(Wäre die Maschine zu fraglichem Airport entführt
oder zu einer Notlandung gezwungen worden, ohne
eine legitime Assoziation mit dem Landeflugplatz zu
haben, hätte die Flugbegleiterin die Passagiere sicher
nicht willkommen geheißen.) Im Namen dieser Fluggesellschaft begrüßt sie nun die Ankommenden, da muss
sie nicht kopfüber die Gangway hinunter- und wieder
hochstürzen.

Dass Bastian Sick das Phänomen Sprechakt nicht kennt,
wird noch einmal in »Entschuldigen Sie mich – sonst
tu ich es selbst!« (Sick 3, S. 165ff.) deutlich. Kombiniert mit
einer weiteren Unkenntnis (inhärent reflexive Verben
betreffend) ist aber wieder ein unterhaltsamer Aufsatz
entstanden.

21 Intellektuelles und Prolliges – Oxymoron und Arschgeweih

Im intellektuell ansprechenden und zugleich sehr humorvollen zwölften Kapitel seines »Foucault'schen Pendels« stellt Umberto Eco sehr gelungen die Situation der Geisteswissenschaften oder Geisteswissenschaftler dar. Dort sinnen die drei Hauptgestalten über unnütze und irrelevante Disziplinen nach – nicht zur Vermehrung des menschlichen Wissens, sondern zur schier unendlichen Reproduktion sinnloser Gelehrter. Eine wichtige Hilfsdisziplin für ihr Projekt ist die Sammlung von Adynata, d.h. von empirischen Unmöglichkeiten. Eco lässt von seinen Protagonisten nennen: Aztekische Reitkunst, Zigeunerische Urbanistik, Antarktische Agrikultur, Zeitgenössische Sumerische Literatur usw. Diese Gedankenspielerei hat ihre Freunde gefunden, und zwar in der Akademie der Irrelevanz, die auch eine Internetseite führt (http://www.irrelevanz.de/akademie) und weitere Sachen in ihrem »Lehr- und Forschungsprogramm« anbietet: Soziologie in Potemkinschen Dörfern, Geschichte der Anti-AKW-Bewegung vor 1920, Gender-Theorien in Amöben-Kulturen, Kartoffelanbau unter Otto I. usw. Weiterhin gibt es da Arbeitsgruppen der Adynata wie: »Das Happy-End in der antiken Tragödie«, die »Fruchtbarkeitstänze der Amazonen« und Sammlungen wie: Hinduistische Rindfleischrezepte, Bekennerschreiben von Kamikaze-Attentätern, ein Schallarchiv atonaler Werke des Hochbarocks, antike Marienfiguren und ein Globus aus dem Besitz von Thomas von Aquin. Die andere Hilfsdisziplin ist die Oxymoristik, die sich mit begrifflichen Widersprüchen befasst, was das Verständnis der tieferen Gründe ihrer Unmöglichkeit voraussetzt (sprachphilosophisch gesprochen das Bewusstsein über die Verträglichkeit von Bedeutungspostulaten). Dazu gehören dann die Festkörperphysik abstrakter Gegenstände, die Phonetik des Stummfilms, die Wissenschaft über die Mode und Trachten sibirischer Freikörperkulturgesellschaften usw.

Beim Lesen dieser Sinnlosigkeiten fühlte ich mich an eigene Experimente aus meiner Kindheit erinnert. Ich war fasziniert von der Möglichkeit, durch Sprache Sachen zu erfinden, die in der Realität äußerst unwahrscheinlich vorkamen. Diese Begriffe waren anders als Ecos Disziplinen nicht auf empirische oder logische Unmöglichkeiten ausgerichtet, sondern eher auf allergrößte Unwahrscheinlichkeiten oder auf die Grenzen der Interpretierbarkeit im Sinne von Herausforderungen an die Vorstellungskraft. Viele meiner mir damals gelungen scheinenden Komposita sind mir noch heute erinnerlich. Mein Lieblingswort war *Pfandprinzessin*. Heute scheint mir, ich war damals auf der Suche nach dem Gegenteil von »innerlexikalischen Solidaritäten«, also nach kaum zu kombinierbaren Begriffen, um ein neues, absurdes, zusammengesetztes Substantiv zu schaffen wie: *Vanillemuff, Zementazteke, Mondfett, Kofferwurzel, Bartfrieden, Limonadenfokus, Abiturmolke* usw. Fast immer, wenn ich jemanden fragte: »Was ist eine *Vertrauenspfütze*? Oder was ist *ein Juweleninfarkt, ein Zaunpelz, eine Lendenoperette*? Was *Violinenkommunismus, Drahtgesang* oder *Schnupfenparkett*?«, bekam ich als Antwort: »Gibt's nicht.« Ich dann: »Wieso?« Antwort: »Das ist doch Quatsch.« Am Ende hieß es meistens: »Nein, das gibt es nicht. Schau doch in den Duden!« Immer diese Duden-Gläubigkeit! Der Duden ist die Bibel und Bastian Sick ist je nachdem

142

mal Prophet, mal Schriftgelehrter. Immer wieder wird in Bastian Sicks Büchern mit dem Duden argumentiert; manchmal ganz genau:

[...] in der 23. Auflage [...]. (Sick 2, S. 61),

mal eher verklausuliert:

[...] in den einschlägigen Nachschlagewerken [...]. (Sick 2, S. 58).

Der Duden verbietet, der Duden gestattet. Trotzdem ist Bastian Sick etwas überlegter als einige der ganz strengen Duden-Verfechter. Einmal gesteht er sogar zu:

Der mir zu Weihnachten geschenkte Duden ist mir da auch keine Hilfe, der schweigt sich nämlich aus.[19] (Sick 2, S. 37)

Ein andermal scheint er über sich hinauszuwachsen, und einem kritischen Bibelexeget gleich lässt er sich entgegen seiner sonstigen Rhetorik zu folgender Bemerkung hinreißen:

Das Wort steht so nicht im Duden, aber das muss nichts heißen. Im Duden steht nicht alles. (Sick 1, S. 88)

Wie Recht er da hat! Die Vorschriften zur Bildung zusammengesetzter Wörter müssen nicht in einem Regelwerk zementiert werden.[20] Und nicht jedes potentielle

---

[19] Wie das denn? An vielen verschiedenen Stellen (siehe nächstes Kapitel zum Beispiel) rügt Sick die Benutzung einer Präposition vor Feiertagen wie Weihnachten, Pfingsten oder Ostern, stigmatisiert also Ausdrücke wie »zu Weihnachten« oder »an Ostern«. Hier sagt er es nun selbst ...

[20] Diese Kenntnis ist sicherlich auch der Grund dafür, dass man mit den technischen Mitteln der heutigen Zeit die Rechtschreibprogramme so implementieren kann, dass meins zum Beispiel kein einziges meiner erfundenen Wörter abgelehnt hat. Alle ›lexikalischen Unsolidaritäten‹ blieben ohne Unterstreichung. Nicht so das etwas weiter unten erwähnte, nicht von mir konstruierte, sondern aus dem Internet gefischte *Steißbeintattoo.*

Wort kann einen Lexikoneintrag bekommen. Jede Woche werden neue zusammengesetzte Substantive ›erfunden‹. Diese werden von Morphologie oder Lexikologie ›okkasionelle Bildungen‹ genannt und stellen den Gegensatz zu ›usuellen Bildungen‹ dar, welche meist im Wörterbuch stehen und, wie der Name sagt, ganz übliche Sachen bezeichnen: *Frauenarzt, Hundehütte, Angelhaken*. Besonders nachvollziehbar ist ein Eintrag ins Wörterbuch, wenn die Bildung nicht sehr transparent ist, wie zum Beispiel bei *Spiegelei, Schnürsenkel, Linienrichter* oder eben bei *Gallseife* – das war das Wort, das Bastian Sick im Duden gesucht, aber nicht gefunden hatte. Da musste wohl auch er umdenken. Inzwischen hat auch mich die Realität eingeholt. Die Wirklichkeit ist eben erfinderischer als jeder Ingenieur oder Gedankenakrobat, und die Sprache zieht nach. Hätte es nicht die dänische Zeitung gegeben, die mit ebenso fragwürdigen wie lustig gemeinten Bildchen einen Sturm der Entrüstung in der gesamten islamischen Welt hervorgerufen hat, oder wäre nicht diese Tätowierung geschwungen verzweigter Fantasiesymbole direkt oberhalb des (meist weiblichen) Steißbeins in Mode gekommen, ich hätte Worte wie *Karikaturenstreit* oder *Arschgeweih* für fast unmöglich gehalten und sie in der oben erwähnten Weise angeboten. Inzwischen ist der erste Begriff verbaler Aufmacher in unzähligen Nachrichtensendungen gewesen, und der zweite hat es zu einem ausführlichen Eintrag bei Wikipedia gebracht – mit erklärender Übersetzung (Synonym: Steißbeintattoo) nebst Bildchen, kulturhistorischer Erklärung und medizinischer Beratung.

Weitere sehr ›gelungene‹, tatsächliche Bildungen, die man zu bestimmten Zeiten für ähnlich unwahrscheinlich hätte halten können, die inzwischen aber teilweise vollkommen gewöhnlich klingen, sind *Elchtest, Schurken-*

staat, Suppenkasper, Netzadresse, Lindenoper, Rampensau,
Westpaket, Hosenstall, Zeitlupe, Plaudertasche, Kinderkrip-
pe, Ostzeiten, Karottenjeans, Samenbank, Toskanafraktion,
Mundstuhl (Komikerduo), *Sternekoch, Hühnergott* oder
Ehrensenf (als Bezeichnung für einen Internet-Sender, ein
Anagramm des usuellen Wortes *Fernsehen*) u. v. a. Übri-
gens ein Dorado für derartige dem gemeinen Deutschsprecher ungewöhnlich vorkommende Kompositionen
(Wortverbindungen) bietet die von Hugo Egon Balder
moderierte Sendung: »Genial daneben«. Allwöchentlich
sollen sich dort bekannte Komiker etwas Lustiges beim
Erklären von ausgefallenen Begriffen einfallen lassen.
Allein Anfang 2007, so kann man auch im Internet
nachlesen, wurden unter anderem folgende Fragen
gestellt: Was ist ein oder eine: *Bügeltrunk, Ohrenzwang,*
Lüsterweibchen, Kellerfalte, Mittagsloch, Klapprosette, Schne-
ckenschmiede, Zeigerbär, Flaschenknecht? (Dort sind auch
die Erklärungen zu erfahren.)

Vor allem erfinden auch Fachsprachen oft komisch
anmutende Zusammensetzungen (Anglerlatein, Juris-
tendeutsch). In der Sprachwissenschaft gibt es beispielsweise folgende (kuriose) Begriffe: *Satzklammer,*
Schwesternknoten, Vorfeldphobie, Vokaltrapez (manchmal
auch *Vokaldreieck*), *Lautverschiebung, Auslautverhärtung,*
Brückenverb, Stirnsatz, Nullartikel, Typenlogik, Akzent-
muster, Verbwurzel, Satzgenosse, Spurenbindung, Subjekt-
kontrolle, C-Kommando oder *Existenzoperator.* Der Ich-
Erzähler in Ecos Roman bietet bei den Begriffen für logische Unmöglichkeiten die »Grammatik der Devianz«
an. Vielleicht ist auch Casaubon (alias Umberto Eco) von
der Realität eingeholt worden. Das Wissensgebiet, das er
als Oxymoron anbietet, ist möglicherweise die Disziplin
von Bastian Sick.

22 Nun doch etwas zu Anglizismen

Was genau sind Anglizismen? Wörter wie »Sale«, »U-Turn« und »Chicken Wings« sind englische Fremdwörter. Anglizismen sind etwas anderes: Frühe Vögel zum Beispiel. Oder Dinge, die eine Meinung haben. Kürbisse mit Fratzen. Und Rehe mit Hirschgeweih. […].

Unter einem Anglizismus versteht der Sprachwissenschaftler ein sprachliches Muster, das aus dem Englischen übernommen wurde und auf den ersten Blick gar nicht unbedingt als englisch zu erkennen ist. (»Zwiebelfisch« vom 31. Oktober 2006, »Was meint eigentlich Halloween?«)

Hier möchte ich wissen, welche Sprachwissenschaftler das wohl sind. Der Verfasser des Wikipedia-Eintrags zum Stichpunkt ›Anglizismus‹ zur Zeit der Veröffentlichung der Sick-Kolumne gehört zum Glück nicht dazu. Der oder die schreibt:

Anglizismus bezeichnet einen Einfluss der englischen Sprache auf oder in andere Sprachen. Dieser Einfluss kann sich auf allen Ebenen der Sprache äußern, also in der Lautung, in der Formenlehre, der Syntax sowie im Wortschatz.

Und als Erstes werden dann auch englische Wörter angeführt:

Wortentlehnungen: Übernahme englischer Lexeme, die dann unterschiedlich stark an das Laut-, Schreib- und Grammatiksystem der aufnehmenden Sprache angepasst werden (vergleiche deutsche Mehrzahl »Tunnel« oder »Killer« = angepasst – Mehrzahl »Fans« oder »Chips« = unangepasst). Eine scharfe Abgrenzung zwischen (angepasstem) Lehnwort und (unangepasstem) Fremdwort gibt es nicht.

Nicht nur bei Wikipedia, sondern in allen gängigen und einschlägigen Nachschlagewerken findet man Wörter als erste Exemplifizierung des Begriffs. Natürlich sind Anglizismen mehr als nur englische oder englischstämmige Wörter (im Deutschen) – aber diese sind es vor allem anderen: *U-Turn* und *Chicken Wings* sind also Anglizismen, wie sie im Buche stehen!

Wenn wir schon einmal dabei sind: Anglizismen im Deutschen berühren die teutonische Seele sehr. Hier wittert man die größte Bedrohung für unsere Sprache – manchmal wohl nicht ganz zu Unrecht –, aber platter Purismus, d. h. das kategorische Ablehnen aller Wörter oder Wortverbindungen, die aus dem Englischen oder dem Amerikanischen zu uns kommen, wäre nicht nur überzogen, sondern würde eine Bereicherung der deutschen Sprache verhindern. Wie es sich mit ganzen syntaktischen Konstruktionen verhält (dem angelsächsischen Genitiv oder der Wortgruppe »*das macht Sinn*«), ist an anderer Stelle gezeigt worden. Hier nur noch einmal ganz kurz zur Konstruktion *in 2006*.

> Die Präposition »in« vor einer Jahreszahl ist ein Anglizismus […]. Die deutsche Sprache ist jahrhundertelang ohne diesen Zusatz ausgekommen und braucht ihn auch heute nicht. (Sick 3, S. 229)

Man kommt ohne die Präposition aus, aber man hat doch gern eine da. Das rügt Bastian Sick schon, wenn gar nichts Englisches dahintersteht, und zwar bei Feiertagen. Da sind es die deutschen Dialekte oder die einfache Umgangssprache, die uns *an Weihnachten* oder *zu Ostern* anbieten.

> Dies ist aber nicht standardsprachlich. (Sick 1, S. 206)
> Die Hochsprache kommt bei Feiertagen ohne Präposition aus. (Sick 2, S. 263)

Und so soll es auch jemand verwenden, der im Test für gutes Deutsch bestens abschneiden will (»Zwiebelfisch«-Test, Sick 2, Frage 38, S. 254). Das Deutsche ist nun aber eine Sprache, die Adverbialbestimmungen gern und in den meisten Fällen durch eine Präposition einleitet – anders als das Finnische oder Ungarische. Und genau diese Disposition macht das Deutsche dann für die englische Konstruktion empfänglich. Auch in früheren Zeiten hatte der Deutsche gern etwas vor der blanken Jahreszahl, und zwar nicht das germanische *in* (was uns doch eigentlich entgegenkommen sollte), sondern das lateinische *anno* (zu Deutsch: im Jahre). Das würde Bastian Sick sicherlich nicht ankreiden. Klingt es doch humanistisch gebildet.

Es ist nun tatsächlich der Fall, dass die Präposition *in* in manchen Fällen Missverständlichkeiten vorbeugt. Bastian Sick illustriert das so:

> Die beiden Wissenschaftler haben auf ihrer Reise durch Russland 2003 besonders wertvolle Gemälde gesichtet.
> Besser:
> Die beiden Wissenschaftler haben auf ihrer Reise durch Russland im Jahre 2003 besonders wertvolle Gemälde gesichtet. (Sick 3, S. 229f.)

Warum dann so kompliziert? Ein einfaches *in* würde auch genügen. Auf Seite 147 des ersten Bandes, wo es um Anglizismen ging, schlug Bastian Sick doch selbst vor:

> Wörter wie »gestylt«, »gepixelt« und »gescannt« sind hingegen akzeptabel, da sie kürzer und prägnanter als ihre deutschen Entsprechungen sind.

Hier ist es also wieder anders.

Kommen wir zu konkreten einzelnen Wörtern. Hier lautet Sicks Devise auf derselben Seite:

Fremdwörter sind willkommen, wenn sie unsere Sprache bereichern; sie sind unnötig, wenn sie gleichwertige deutsche Wörter ersetzen oder verdrängen.

Da stimme ich vollkommen zu. Dennoch: Hier ist es ganz wichtig zu fragen, ob ein potentielles deutsches Wort tatsächlich gleichwertig ist. Dies ist oft sehr schwierig und kann nicht einfach dadurch entschieden werden, dass man ein deutschstämmiges Wort anbietet, welches nur in bestimmten Kontexten ebenfalls passt.

Zur Illustration des Problems: Sprachen schaffen Wörter nach den Bedürfnissen ihrer Benutzer. Je differenzierter der Wortschatz ist, umso höher entwickelt kann diese Sprache zumindest im Hinblick auf ihre Lexik gelten. Bengali zum Beispiel hat nur ein Wort für *essen* und *trinken*: *khawa*. In Bezug auf die Bezeichnung für Nahrungsaufnahme ist Bengali also eher schwach. Fast alle Sprachen unterscheiden, ob etwas Festes oder etwas Flüssiges konsumiert wird. Es wird also eine Art lexikalische Solidarität zwischen dem Verb und der Beschaffenheit des Objektes hergestellt. Eine solche Differenzierung ist im gegebenen Fall sehr sinnvoll. Weniger bedeutend, aber durchaus nicht sinnlos, ist die Unterscheidung beim Milchgeben. Im Französischen beispielsweise machen Frauen, Kühe und Füchsinnen dasselbe: *elles allaitent leurs petits*. Das Deutsche hat sich für eine Unterscheidung und damit für einen lexikalischen Fortschritt entschieden: Frauen (also Menschen) *stillen* ihren Nachwuchs, Tiermütter *säugen* ihn. Schon das Verb differenziert zwischen potentiellen Objekten. Und so kann man behaupten, dass *herunterladen* und *downloaden* nicht ganz dasselbe bedeuten. Bastian Sick meint:

> Die Antwort auf die Frage [die aber sogar der konservative Sprachrat beantwortet hat, A.M.], ob es »downgeloadet« oder »gedownloadet« heißen muss, lautet: Weder noch, es heißt »heruntergeladen«. (Sick 1, S. 146f.)

Downloaden und *herunterladen* unterscheiden sich außer in ihrer Herkunft auch von ihrer Bedeutung her in einem Punkt. *Herunterladen* kann man auch Kohlen von einem Waggon oder Umzugskisten von einem Transporter. *Downloaden* ist auf Software und somit auf etwas Nichtgegenständliches beschränkt. Dieser Unterschied ist nicht nur in unserer computerbestimmten Zeit durchaus sinnvoll. Die Sprecher scheinen hier ein Differenzierungsbedürfnis zu verspüren, das sich auch in den allermeisten anderen Sprachen zeigt. Solche Prozesse sind ganz normal. Erst war ein *Lied* da. Dann kam im ausgehenden 17. Jahrhundert die Oper auf, und zwar in Italien. Opern enthielten Lieder, italienisch *aria* (deutsch: Lied[21]). Und so setzte sich *Arie* für das in der Oper gesungene Lied durch. Schließlich ist ein Opernlied etwas Spezielles, auch wenn manch Sprachpurist damals anderer Meinung war. Heute gibt es nun auch noch *Songs.*[22]

Wenn sich englische Wörter ins Deutsche einschleichen und überleben wollen, müssen sie auch etwas dafür bieten. Einfach *Account* für *Konto* sollte da nicht reichen. Es ist eine alte Weisheit, dass Sprache echte Synonyme nicht recht duldet. Synonyme sind, laut Definition,

---

[21] Das heutige (und normale) italienische Wort für *Lied* ist *canzone. Aria* ist dort mittlerweile auch das Operngesangsstück.

[22] Im Ausgleich dazu ist aber unser deutsches Wort *Lied* ins Italienische (il *lied*), ins Englische (the *lied*) und in weitere Sprachen ausgewandert, ohne uns freilich zu verlassen. Und irgendwie können wir stolz sein. In den anderen Sprachen bedeutet das Wort nicht etwa ›Oper(ette)nschmonzette‹ oder ›Rock-Pop-Gesangseinlage‹, sondern bezeichnet das, was wir umständlicher mit *Kunstlied* umschreiben, also ein von einem inspirierten Komponisten anspruchsvoll vertontes Gedicht – Schuberts »Forelle« oder »der Erlkönig« zum Beispiel, Hugo Wolfs »Ganymed« oder die für mich schönsten »Vier letzten Lieder« von Richard Strauss. Diese sind dann sogar in gebeugter Pluralform ins Italienische oder Französische übergegangen: »quattro ultimi **lieder**« oder eben »quatre derniers **lieder**«.

kurz gesagt verschiedene Wörter für dieselbe Sache, meist illustriert mit *Orange* und *Apfelsine*. Alle Versuche, Synonymie zu verdeutlichen, machen aber darauf aufmerksam, dass meist geringe Bedeutungsunterschiede feststellbar sind, dialektal: *Metzger* versus *Schlachter* oder *Fleischer*, stilistisch: *Sperling* klingt etwas gehobener oder wissenschaftlicher als *Spatz*, *Ross* viel antiquierter und literarischer als *Pferd*, *Tätigkeitswort* und *Blinddarm* klingen laienhafter als *Verb* und *Appendix*. Das liegt daran, dass es wirklich wenig sinnvoll ist, mehrere Ausdrücke für ein Konzept zu haben und lernen zu müssen. Deshalb hat man sich zu fragen, ob ein *Event* wirklich nichts anderes ist als ein *Ereignis*, oder ob mehr oder weniger dahintersteckt. Wenn man sich die Sache vergegenwärtigt, zeichnet sich ein Unterschied ab. *Event* ist die (erste) Übersetzung für Ereignis – ja. Aber: Ereignisse können organisierte Veranstaltungen sein: die Fußball-WM, die neue Bayreuther Ring-Inszenierung oder der CSD in Berlin oder der in Lüneburg. Ereignisse können aber auch unbeeinflusste oder unbeeinflussbare Geschehnisse sein: die Flut (›Jahrhundertflut‹ von 2002) oder der Tsunami (von 2004), der Tod eines altersschwachen Menschen oder ein x-beliebiger Sonnenuntergang. Die ersten Ereignisse zeichnet die aktive Handlung von Menschen aus. So etwas fehlt den Letzteren. Die wiederum sind in der philosophischen Literatur als bezeichnenswerte Phänomene diskutiert worden, vor allem bei Wilhelm Kamlah (Philosophische Anthropologie: Sprachkritische Grundlegung und Ethik, 1972) als: »Widerfahrnisse«.

Derartige Unterscheidungen sind sprachstrukturell sehr interessant. Gerade die im letzten Abschnitt diskutierte, also die Differenzierung zwischen Vorhanden- oder Abwesenheit eines menschlichen Handlungsträgers, ist in den Sprachen der Welt für sehr viele grammatische

Prozesse ausschlaggebend. In unserem Fall unterscheidet sie *Events* von *Ereignissen*. *Events* können nur Vorgänge genannt werden, hinter denen menschliche Macher stehen. Möglicherweise wünscht sich der deutsche Sprecher von heute ein Wort für gesteuerte Ereignisse. Andererseits werden auch noch so englischfreundliche ›Speaker‹ oder ›Talkerinnen‹ wie Jil Sander, Nina Hagen oder Silvana Koch-Merin einen Regenguss oder Ebbe und Flut nicht als *Events* bezeichnen.

Auch entgegen der Behauptung:

> […] seit einiger Zeit gibt es auch den Loser, wobei nicht ganz klar ist, worin er sich vom Verlierer unterscheidet. Dass das Verlieren eine Spezialität der angelsächsischen Kultur sein soll, lässt sich geschichtlich jedenfalls nicht nachweisen. (Sick 3, S. 235),

kann man doch einen Unterschied ausmachen. Zum Beispiel: In einem konkreten Zweikampf gibt es bei eindeutigem Ausgang einen Sieger oder Gewinner und einen Verlierer. Die beiden Verlierer aus einem Halbfinale treten dann im Kampf um den dritten Platz an. Hier kann man nicht ohne Weiteres vom *Loser* sprechen. Vielmehr meint das Konzept *Loser* einen Versager, einen, der eher auf der anderen denn der Sonnenseite des Lebens steht, einen, dem nichts so recht gelingen will. Wenn man den Loser also abschaffen will, sollte man eher den Versager anbieten.

Auch wenn man die vielen englisch(stämmig)en Wörter im Deutschen leid ist, vermag man hier sehr schön beobachten, welche minimalen Differenzen es geben kann. Viele davon sind durchaus sinnvoll und nachvollziehbar. Das wird auch schön auf den Seiten des »Sprachblogs« der Universität Bremen gezeigt: http://www.iaas.uni-bremen.de/sprachblog/ – eine interaktive Seite, die man jedem Interessierten empfehlen kann.

Ungeachtet der Anglizismen: Dass ein Verb die Beschaffenheit seiner Objekte vorgibt bzw., dass die Natur der Objekte die Wahl der Verben bestimmt, ist auch Bastian Sick nicht verborgen geblieben. Der schießt aber wieder kräftig übers Ziel hinaus, und zwar im dritten »Zwiebelfisch ABC« auf Seite 214 f. bei *bergen / retten*:

> Die Wörter »bergen« und »retten« sind nicht gleichbedeutend […]. Der Unterschied hängt mit Leben und Tod zusammen: Gerettet werden Überlebende, geborgen werden Leichen. Verwundete werden demnach nicht geborgen […]. Wer also schreibt: »Bis zum frühen Morgen war die Feuerwehr mit der Bergung der Opfer beschäftigt«, der gibt seinen Lesern damit zu erkennen, dass keines der Opfer mehr am Leben war.

Das ist Unsinn. *Bergen* heißt einfach: ›in Sicherheit bringen‹, wobei der, die oder das zu Rettende vom Ort der Gefahr weggebracht wird. Sowohl Tote als auch Lebende können in Sicherheit gebracht und somit geborgen werden. Tote werden dann wahrscheinlich für eine menschenwürdige Beisetzung mit den Angehörigen gerettet – also geborgen – und somit vor dem bloßen Zersetzungsfall bewahrt. Wichtig ist, dass mit ihnen ein Weg zurückgelegt wird. Andererseits können natürlich Verwundete geborgen werden. Es ist sehr verwunderlich, dass Bastian Sick diesen Unterschied machen will. Sogar das große Duden-Wörterbuch exemplifiziert *bergen* mit Verletzten und gibt die etymologische Erklärung (*auf eine Burg bringen*). Hätte er in sein Lieblingsbuch geschaut, wäre ihm vielleicht der wirkliche Unterschied nicht verborgen geblieben.

23 So ein Dilemma! Über (noch mehr) Untote und andere Paradoxa

Ein Jahr nach Bastian Sicks Geburt gab es im Wissen-
schaftsgebiet an der Grenze zwischen Linguistik und
Philosophie eine kleine Revolution: der Beitrag Keith
Donnellans zur Verwendung definiter Nominalphrasen.[23] Donnellan machte darauf aufmerksam, dass es eine
systematische Zweideutigkeit bei der Interpretation von
definiten Substantivgruppen gibt. Eines seiner berühmt
gewordenen Beispiele ist folgender Satz: *Der Mörder von
Smith ist wahnsinnig.* Die zwei Interpretationen können
wie folgt deutlich gemacht werden.

Erstens kann dieser Satz von einer Person beim An-
blick der schlimm zugerichteten Leiche geäußert werden.
Dabei weiß der Sprecher gar nicht, wer der eigentliche
Täter ist. Diese Lesart wird noch wahrscheinlicher, wenn
man ein Modalverb einschaltet: *Der Mörder von Smith
muss wahnsinnig sein.* Eine Umschreibung dieser Lesart
gibt auch folgender Satz wieder: *Wer immer auch Smith
umgebracht hat, muss krank im Gehirn sein.* Diese Interpretation, bei der gar nicht klar ist, auf welche konkrete
Person sich der definite Ausdruck *der Mörder von Smith*
bezieht, heißt die attributive Lesart.

---

[23] Donnellan, Keith S. (1966). »Reference and Definite Description«. The
Philosophical Review 75 (3): 281-304. Zur kurzen Auffrischung: Definite Ausdrücke heißen so, weil sie einen definiten Artikel enthalten,
also: *das Buch, der letzte Gast, die Tassen aus China.* Indefinite werden
durch *ein* oder *eine* – oder gar nichts – eingeleitet: *ein Buch, eine schöne
Frau, Bücher.*

Dieser steht die sogenannte referentielle Lesart gegenüber. Denn zweitens kann dieser Satz in einer anderen Situation verwendet werden: zum Beispiel im Gerichtssaal, wo besagter Mörder auf der Anklagebank sitzt – sichtbar für alle Prozessbeteiligten. Ein Zeuge, der den Verbrecher kennt, gibt bestimmte Informationen über den Angeklagten zu Protokoll, unter anderem eben, dass der Mörder ein Irrer ist. In gegebenem Fall hätte der Zeuge genauso gut sagen können: *Mister Miller ist wahnsinnig.* Mit dem Ausdruck *der Mörder von Smith* oder aber mit dem Namen *Mister Miller* bezieht sich der Sprecher ganz konkret auf die angeklagte Person. ›Sich auf etwas beziehen‹ wird in der sprachphilosophischen Literatur auch ›referieren‹ genannt – deshalb: referentielle Lesart.

Ein anderer berühmt gewordener Satz aus ebendem Artikel, der das Alter mit Bastian Sick teilt, ist: *Der Mann mit dem Glas Martini ist geschwätzig.* Die dazugehörige Situation ist derart, dass auf einer Party Gast A diese Aussage zu Gast B macht, und dabei eine für beide sichtbare männliche Person meint, die ein Glas mit durchsichtiger Flüssigkeit in der Hand hält (Gast C). Die Diskussion bei Donnellan hat nun ergeben, dass der Satz auch dann sinnvoll ist und wahr sein kann, wenn sich eigentlich Wasser im Glas befand. In der referentiellen Lesart nämlich: Was zählt, ist, dass der Mann eindeutig identifiziert ist (als Gast C), über den dann eine Aussage gemacht wird. Es muss klar sein, auf wen referiert wird. Ob dieser Mensch (Gast C) dann tatsächlich Martini im Glas hat, ist nicht entscheidend.

Nun sind superlative Ausdrücke in aller Regel auch definit und somit potentiell zweideutig im gerade illustrierten Sinne, so auch: *der älteste Mann.*

Bastian Sick ist wieder störrisch und möchte nur eine Lesart zulassen:

> Ein anderes Beispiel für einen Widersinn. Als der Japaner Yukichi Chuganji im Alter von 114 Jahren starb, meldeten einige Zeitungen:»Der älteste Mann der Welt ist tot«. Auch das klingt nach einem Paradoxon: Wenn er nämlich tot ist, kann er nicht mehr der älteste Mann der Welt sein. In der Sekunde seines Todes rückt automatisch der zweitälteste Mann der Welt zum ältesten auf. Es gibt somit immer einen ältesten Mann der Welt, und zwar solange es Männer gibt.
> (Sick 1, S. 68f.)

Was Bastian Sick hier kategorisch ausschalten möchte, ist die referentielle Lesart. Wenn die Zeitungen vom ältesten Mann schrieben, dann meinten sie eben Yukichi Chuganji. Sie benutzten hier die referentielle Lesart. Dass der nunmehr Tote nicht mehr lebt und deshalb auch im strikt attributiven Sinn nicht mehr als der älteste Mann der Welt gelten kann, ist wie im Martini-Beispiel nicht entscheidend. Entscheidend ist die Identifizierung der gemeinten Person.

Außerhalb der etwas weiter oben beschriebenen, etwas weit hergeholten Situationen ist die referentielle Lesart möglicherweise sogar die unmarkierte, also die normalere. Das ist sicher auch ein Grund, warum kein Mensch Schwierigkeiten mit dem Verständnis der Zeitungsberichte hatte. Die attributive Lesart ist hier quasi ausgehebelt. In anderen Situationen ist sie wahrscheinlich die einzig zulässige, zum Beispiel, wenn man auf etwas noch gar nicht Existierendes Bezug nehmen möchte: *Der Läufer von euch, der am schnellsten ins Ziel kommt, kriegt 1000 Euro* bzw. *Der schnellste Läufer bekommt 1000 Euro.* Wenn man diesen Unterschied begreift, dann wittert man hier kein Paradoxon mehr, wie Bastian Sick dies tut:

Der älteste Mann der Welt kann sterben, doch er kann nicht tot sein. Wir haben es mit dem Phänomen der »Untotbarkeit« des ältesten Mannes der Welt zu tun. Ein logisches Dilemma.

Nichts mit Zombies also! Donnellan, dessen Sicht später durch Kripke etwas relativiert wurde, hat seine Arbeit als Teilantwort auf Russels[24] »Theorie des Referierens« verstanden. Der hatte ähnlich wie Bastian Sick (fast) ausschließlich die attributive Interpretation im Auge und die referentielle Bedeutung übersehen. Bertrand Russell, einer der bedeutendsten Philosophen überhaupt, kann jedoch auch weiterhin als Aufdecker echter Paradoxa der Sprache und/oder des Denkens gelten (u. a. die berühmte »Russell'sche Antinomie«[25]). Die sind aber intellektuell auf einer anderen Ebene angesiedelt. Bastian Sick hat mit der Klärung des (wohl eher scheinbaren, aber von ihm als solches bezeichneten) Dilemmas, wer denn nun die First Lady Deutschlands sei, genug zu tun. (Sick 1, S. 151) Ob er das gut genug geklärt und seinen Lesern erklärt hat, stelle jeder Leser selbst fest: im »Zwiebelfisch«-Test Nr. 31.

[24] Bertrand Russel war, wie einige weitere der hier im Buch zur Sprache gekommenen Geistesgrößen, eine Persönlichkeit mit vielseitigen Interessen und Verdiensten. Zusammen mit Whitehead hinterließ er mit den »Principia Mathematica« eines der wichtigsten und grundlegenden Werke der modernen Mathematik. Er war Schüler und Kollege von Wittgenstein (siehe Fußnote 9) und der Mitbegründer der Sprachanalytischen Philosophie. Wie Noam Chomsky (Fußnote 27) war er anarchistisch-pazifistisch eingestellt und hinterlässt auch politische Schriften. Sein erstes Buch behandelt die deutsche Sozialdemokratie. Nicht genug: 1950 erhält er den Nobelpreis für Literatur (wie Thomas Mann, Fußnote 10).

[25] Es gibt zahlreiche populäre Formulierungen der »Russell'schen Antinomie«. Bekannt ist der Barbier, der alle Männer im Ort rasiert, die sich nicht selbst rasieren, und nur diese. Die Frage, ob sich der Barbier selbst rasiert oder nicht, führt ebenfalls zu einem Widerspruch.

24 Alles, was recht ist, und was Rechtschreibung ist

Die allergrößte Berechtigung hat die Normierung mit ihrem Anspruch der Gesetzlichkeit wohl in der Rechtschreibung. Hier hat man zu Recht eine Sehnsucht nach Einheitlichkeit und Standardisierung. Der Erfolg von Online-Suchmaschinen wie Google und yahoo erklärt sich aus dem menschlichen Bedürfnis, Informationen anhand von Stichworten zu erhalten. Und diese Suchmaschinen würden weit weniger effektiv arbeiten, wenn man willkürliche Schreibweisen zuließe. Auch der traditionelle deutsche Duden-, russische Ozhegov- oder französische Petit Robert-Konsultierer will möglichst nur einen Eintrag für ein Wort zu suchen haben. Diesen vieles vereinfachenden Luxus haben wir aber erst seit gut 100 Jahren. Luther hatte da keine strengen Vorgaben und war vielleicht auch deshalb mal im *Zweiffel,* mal *im Zweifel, Zweyffel, Zweivel* oder *zweiffel.* Das war dann hin und wieder schon zum Verzweifeln. Eine verbindliche Festlegung ist da sehr sinnvoll.

Ebenso erleichtert eine einheitliche Zeichensetzung die Verständlichkeit. Es gab Zeiten, da wurde nicht einmal ein Leerzeichen zwischen die einzelnen Wörter gesetzt. Inzwischen ist die Interpunktion vielleicht sogar schon zum Teil ins Gegenteil umgeschlagen und verkompliziert die schriftliche Kommunikation. An und für sich halten die meisten Menschen jedoch Punkt und Komma für eine gute Sache. Genauso die Groß- und

Kleinschreibung. Die Vorschriften im Duden sind weder durchgängig logisch noch über jeden Zweifel erhaben, aber nachweislich erleichtert gerade die deutsche Eigenheit, Substantive mit Großbuchstaben zu beginnen, die Lesbarkeit von längeren Sätzen.

Was an dieser Stelle viel wichtiger scheint, ist ein Hinweis auf die Beziehung von Rechtschreibung und Sprache bzw. Grammatik. Man muss sich vergegenwärtigen, dass es sich hierbei um zwei ganz verschiedene Phänomene handelt, die zwar in Wechselwirkung stehen (besonders in einer Richtung), die aber nicht verwechselt oder im Geiste zusammengewürfelt und als Einheit betrachtet werden dürfen.

Einer der einflussreichsten Linguisten überhaupt – der Schweizer Ferdinand de Saussure[26], einer der Begründer wenn nicht der Vater des Strukturalismus – schreibt genau zu dieser Problematik:

Sprache und Schrift sind zwei verschiedene Systeme von Zeichen: das letztere besteht nur zu dem Zweck, um das erstere darzustellen. Nicht die Verknüpfung von geschriebenem und gesprochenem Wort ist der Gegenstand der Sprachwissenschaft, sondern nur das letztere, das gesprochene Wort allein ist ihr Objekt. Aber das geschriebene Wort ist so eng mit dem gesprochenen, dessen Bild es ist, verbunden, dass es mehr und mehr die Hauptrolle für sich in Anspruch nimmt. Man gelangt schließlich dazu, der Darstellung des gesprochenen Zeichens ebensoviel oder mehr Wichtigkeit

---

[26] Interessanterweise stammt Saussures Hauptwerk, der oben in deutscher Sprache zitierte »Cours de Linguistique Générale« (zu Deutsch: »Grundfragen der Allgemeinen Sprachwissenschaft«) nur mittelbar von ihm. Dieses Werk, das zu den wichtigsten der modernen Sprachwissenschaft gehört, wurde nicht von Saussure selbst verfasst, sondern von zwei seiner Kollegen, Charles Bally und Albert Sechehaye, die anhand mehrerer Vorlesungsmitschriften versuchten das Sprachdenken Saussures zu rekonstruieren. Weder Bally noch Sechehaye hatten jedoch Saussures Vorlesungen selbst gehört.

beizumessen als diesem Zeichen selbst. Es ist so, als ob man glaubte, um jemanden zu kennen, sei es besser, seine Photographie als sein Gesicht anzusehen. (»Grundfragen der Allgemeinen Sprachwissenschaft«)

Dass es so ist, liegt vielleicht an der Tradition, die sich vor allem im Deutschunterricht niederschlägt. Da wird Rechtschreibung neben Satzgliedbestimmung, Ausdruck neben Gedichtanalyse und Schriftstellerbiographien neben Namenkunde behandelt. So kommt es, dass Sprache immer wieder mit Rechtschreibregeln identifiziert wird. Nicht nur im Alltagsdenken der unbekümmerten Mitbürger scheint da ein Gleichheitszeichen zwischen den beiden Begriffen zu stehen, sondern auch bei Leuten, die es besser wissen sollten. In der Amazon-Kritik zum Buch »Der Dativ ist dem Genitiv sein Tod« schreibt der Redakteur Christian Stahl:

> Die deutsche Sprache liegt uns offensichtlich fast allen am Herzen, wie man an der ebenso endlosen wie hitzigen Debatte über die Rechtschreibreform erkennen kann.

Und ein hochgebildeter Mann wie Hans Magnus Enzensberger, der zur intellektuellen Elite unseres Landes gehört, schreibt in der FAZ einen bitterbösen und ziemlich peinlich-ignoranten Artikel zur Rechtschreibreform, in dem er Minister und Duden-Redakteure mit der Wut eines geifernden Greises als eitle und größenwahnsinnige Lügner und Legastheniker bezeichnet, die sich zum Herrscher über die Sprache aufspielen wollten (FAZ vom 26.07.2004). Wer aber einen Vorschlag zur veränderten Schreibung von ein paar Wörtern machen will, schwingt sich doch nicht zum Despoten über die Sprache auf. Eine Rechtschreibreform hat nie sonderlich das Sprachsystem an sich nachhaltig verändert. Man denke nur an die Einführung komplett anderer Schriften: Die Türken schreiben seit 1928, im Zuge der Latinisierung der Schrift für verschiedene Turksprachen, mit den Buchstaben, die uns vertraut sind. Davor schrieb man mit arabischen Buchstaben. Andere Turkvölker, die auf dem Boden der ehemaligen Sowjetunion ansässig waren, mussten sich nochmals umstellen und später dann mit kyrillischen Zeichen schreiben. Nach dem Verfall des Sowjetimperiums wird das Rad nun teilweise wieder zurückgedreht. Die Sprache an sich, das grammatische System oder der Wortschatz, haben sich dadurch nicht sonderlich verändert. Die Kommunikation mit Hilfe von Schrift ist ein immenser kultureller Fortschritt, gleichsam eine gesellschaftliche Revolution. Sie ist eine geniale bewusste Erfindung des Menschen. Aber es gab und gibt auch Menschen ohne Schrift und folglich ohne Rechtschreibung. Die ältesten Schriftzeugnisse, die man gemeinhin als solche anerkennt, stammen von den Sumerern und sind circa 6000 Jahre alt. Davor lebte der Homo sapiens Zigtausende von Jahren ohne Schrift, ähnlich, wie es heute Millionen von Analphabeten tun. Dennoch benutzen und benutzten alle Menschen Sprache.

Die Sprache gehört nach manchen Definitionen dagegen sogar zwingend zum Menschsein. Sie ist quasi eine biologische Erfindung, ein Produkt der Natur, zumindest entstanden in einem gemeinsamen untrennbar miteinander verbundenen Evolutionsprozess. Die Schrift hat der Mensch dagegen bewusst entwickelt. Die Rechtschreibung erst recht. Diese ist ein Produkt der Suche nach optimaler schriftlicher Kommunikation. Und da treffen die unterschiedlichsten Meinungen aufeinander, welche Prinzipien die richtigen seien und wie man sich den idealen Schriftverkehr überhaupt vorzustellen habe. Deswegen müssen der Duden und ähnliche Unternehmungen immer Kompromisse bleiben und sind daher von vornherein verurteilt, zur Zielscheibe von

Kritik zu werden. Trotz alledem bleibt auch der Versuch zur Schaffung konkreter, verbindlicher Normen ein begrüßenswertes und lohnendes Unterfangen. Für den ehemaligen Angehörigen der Expertenkommission bei der Orthographiereform Theodor Ickler war irgendwann die Grenze seiner Kompromissbereitschaft überschritten, und er trat von seinem Amt zurück. Auf seiner Homepage (http://www.sprachforschung.org/ickler) hat Professor Ickler ein ›Rechtschreibtagebuch‹ eingerichtet, in dem folgender Eintrag vom 27.04.2006 zu lesen ist:

> Goldene Regel
> Bastian Sick gibt im ersten seiner beiden Bücher eine ausführliche Darstellung der Heyseschen s-Schreibung.
> Dann faßt er das Ganze noch einmal in den »vier goldenen Regeln für den richtigen Gebrauch von ss und ß« zusammen und fährt fort:
> »Diese Regeln beziehen sich selbstverständlich nur auf die Fälle, in denen schon immer ein ss oder ein ß verlangt wurde. Wörter wie ›Beweis‹ oder ›Kenntnis‹ werden nach wie vor mit einfachem s geschrieben.« (S. 178)
> Man muß also die alte Rechtschreibung schon beherrschen, um die neue anwenden zu können. Ob Sick sich im klaren war, was er da schrieb?

Nun sehe ich mich hier fast gezwungen, eine Lanze für Herrn Sick zu brechen. Ich denke schon, dass Bastian Sick wusste, was er da schrieb. Das wiederum zeigt aber auch die Schwächen der Reform auf. Ickler macht nicht ganz zu Unrecht auf eine tragikomische Situation aufmerksam, die zugleich typisch für das Unterfangen Rechtschreibreform ist. Die Regeln, die sich die Menschen selbst geben, sind bei genauerer Betrachtung oft absurd. Die Regeln, denen die Sprache gehorcht, sind es nicht. Absurd ist es, diese diktieren zu wollen.

25 Was ist denn nun akzeptabel?

Ist vorliegendes Buch nun ein Plädoyer für ›anything goes‹? Mitnichten. Es sollte inzwischen klar geworden sein, dass es die Sprache selbst ist, die sich ihre eigenen Gesetze geschaffen hat und deren Einhaltung sie ohne jegliches sprachpflegerische Zutun vor dem Verfall und Aussterben bewahrt. Sie offeriert uns diese Gesetze in unserem unbestechlichen Sprachgefühl, das aus unserer unbewussten Sprachkenntnis folgt. Eine Kenntnis, die wir als Kind im Spracherwerbsprozess relativ unbewusst, ohne Instruktionen von sprachbewussten, besorgten Eltern, Sprachlehrern oder Grammatikbüchern, erwerben.

In der Berliner »Langen Nacht der Wissenschaften 2003« hat Andreas Haida vom Zentrum für Allgemeine Sprachwissenschaft die Kenntnis folgendermaßen illustriert:

»Laut Duden-Grammatik kann ein Substantiv nach der Präposition *wegen* entweder im Genitiv oder im Dativ stehen. Dabei gilt (1a) als ›standardsprachlich‹, während (1b) als ›umgangssprachlich‹ [und bei Sick als falsch oder zumindest schlecht, A. M.] eingestuft wird. Die Verwendung des Genitivs nach der Präposition *wegen* wird also zur Norm erhoben.

(1) a. *wegen meines Bruders*
    b. *wegen meinem Bruder*

In welchem Verhältnis steht diese Normsetzung zu unserer Sprachkenntnis? Spiegelt die Norm wider, dass (1a) wohlgeformt ist, (1b) jedoch nicht? Diese Frage soll hier über einen Umweg beantwortet werden: Neben (1a) und (1b) findet sich auch die syntaktische Fügung (2), in der *wegen* dem Substantiv nachfolgt:

(2)   *meines Bruders wegen*

Diese Wortstellung hat für viele Muttersprachler des Deutschen einen besonderen Einschlag: Man könnte den Ausdruck in (2) als ›veraltetes‹ Deutsch bezeichnen. Nun steht in (2) das Substantiv im Genitiv. Kann es in dieser Wortstellung auch im Dativ stehen? Urteilen Sie selbst über (3)!

(3)   *meinem Bruder wegen*

Wenn Ihr Urteil wie unseres ausfällt, dann lautet Ihre Antwort: Nein, der Dativ ist in dieser Wortstellung unmöglich, denn (3) ist inakzeptabel. Der Ausdruck in (3) erweckt also nicht etwa den Eindruck, umgangssprachlich oder veraltet, sondern inakzeptabel zu sein.

Wenn man diese Urteile (und Eindrücke) als Messung der Wohlgeformtheit der Ausdrücke in (1) – (3) interpretiert, kann man die folgende Schlussfolgerung ziehen:

- (1a) ist wohlgeformt und (3) grammatisch abweichend, denn (1a) ist akzeptabel und (3) inakzeptabel.
- Wenn (1b) grammatisch abweichend wäre, dann würde dieser Ausdruck ebenso wie (3) den Eindruck erwecken, inakzeptabel zu sein.
- Das aber ist nicht der Fall. (1b) ist wie (1a) akzeptabel. Also ist (1b) wohlgeformt.

Unserer Sprachkenntnis zufolge reflektiert die Normsetzung in Bezug auf (1a) und (1b) also keinen Unterschied hinsichtlich der Wohlgeformtheit dieser Ausdrücke. Die Normsetzung betrifft lediglich die Verwendung.«

Hier wird der Begriff der ›Akzeptabilität‹ eingeführt. Unser Sprachgefühl teilt uns demnach mit, was akzeptabel, d. h. was überhaupt möglich ist. Und das sind die tatsächlichen Grenzen, die nicht überschritten werden können. So etwas haben wir schon öfter gesehen, zum Beispiel beim tatsächlich verbotenen weil-Satz mit Hauptsatzstellung am äußersten Satzanfang *Weil er hatte Kopfschmerzen, ist er nachhause gefahren*, oder aber beim doppelten pränominalen Genitiv *Peters Hoses Farbe*. Dazu brauchen wir keine expliziten Vorschriften und langen Erklärungen. Den weil-Satz wird niemand so verwenden, auch wenn er sich sonst nicht an die Sick'sche Norm hält. Die Genitivkonstruktion wird ebenfalls niemand bilden, obwohl die normative Grammatik dahingehend keinerlei Verbot ausspricht, allenfalls sogar die Regeln preist, die ein solches Gebilde hervorbringen. Auch wenn jemand die Dativkonstruktion scheut wie der Teufel das Weihwasser, wird ihm sein Sprachgefühl sagen, dass *dem Peter seine Mutter* und *Kathrin ihr Auto* auf eine andere Art abweichend sind als *dem Peter ihre Mutter* und *Müllers sein Auto*. Letztere Ausdrücke verbietet die Sprache sich selbst.

Der wohl berühmteste lebende Sprachwissenschaftler überhaupt, Noam Chomsky,[27] vergleicht Sprache nicht nur mit, sondern erklärt sie zu einem menschlichen Organ, wie Leber oder Herz. Seine Gegner kritisieren ihn für seine grundlegenden Behauptungen, vergleichen jedoch Sprache oft mit einem lebenden Organismus. Aber auch sie sind sich darin einig, dass Sprache ein

---

[27] Die New York Times bezeichnete Noam Chomsky nicht nur wegen seiner bahnbrechenden Arbeiten auf dem Gebiet der Sprachwissenschaft und seiner generelleren Beiträge, die großen Einfluss auf andere Wissenschaften wie die Psychologie, Biologie und Mathematik hatten, sondern auch wegen seines Engagements als einer der schärfsten Kritiker der US-Politik, als den bedeutendsten lebenden Intellektuellen überhaupt.

eigenständiges Phänomen ist – ein Organ(ismus). Und als solches System verfügt sie über Mechanismen der Selbstregulation. Sprache ist autark und bis zu einem gewissen Grade autonom. Und das macht sie stark genug. Solange es Menschen gibt, wird Sprache als Mittel der Verständigung nicht verfallen, also untauglich werden. Solange es Menschen und demnach eben auch Sprache geben wird, so lange wird es auch Sprachwandel geben. Sprachentstehung und Sprachwandel, so wird immer deutlicher, verläuft ganz ähnlich wie Leben und Evolution überhaupt. Seitdem die Menschen angefangen haben, über Sprache nachzudenken, haben sie den Sprachverfall beklagt. Seit über 2000 Jahren klingt Kritik an der jeweils gegenwärtigen Sprachveränderung fast unisono. Immer ist es die zeitgenössische, also die jeweils gegenwärtige oder aus der unmittelbaren Vergangenheit noch wahrzunehmende Version der Sprache, die vom Verfall bedroht sein soll. Und ebendieser Verfall wird beklagt. Wer käme heutzutage auf die Idee, das Deutsch von Thomas Mann als so viel tumber, flacher und unschöner als das von Grimmelshausen zu bezeichnen. Für welchen Zeitgenossen des 21. Jahrhunderts sind die Sonette Francesco Petrarcas oder die Tragödiensprache eines Pierre Corneille, der damals auch von der Académie française Ablehnung erfuhr, schlimmes, verfallenes Bauernlatein? Auf der Anklagebank der Sprachpfleger sitzen ebenso immer die anderen. Der eigene Sprachgebrauch wird kaum bis gar nicht kritisiert. Dabei ist das jeweils favorisierte Idiom auch das Ergebnis von Veränderung, die als Verfall gelten müsste. Rudi Keller sagt: »Jede Veränderung einer Konvention beginnt notwendigerweise mit deren Übertretung, und Übertretungen sprachlicher Konventionen nennt man ›Fehler‹.«[28] Und

---

[28] Aus: www.joern.de/tipsn133.htm.

gar nicht so Unrecht hat Mathias Deinert,[29] der unter dem Namen ›Ersatzkaffee‹ eine der wenigen negativen, aber wohldurchdachten, wenngleich sehr harsch formulierten Amazon-Kritiken über Sick, Bd. 1, schreibt:

> Dieses Buch nennt sich selbst einen »Wegweiser durch den Irrgarten der deutschen Sprache«. Es will außerdem unseren »Sprachmüll« sortieren und den Leser durch die angebliche »Wildnis der deutschen Sprache« führen. Es möchte gegen »falsches Deutsch und schlechten Stil zu Felde« rücken, verzichtet dabei aber auf »größtmögliche Akribie«. Natürlich! (Alle Zitate aus Vorwort und Klappentext)
>
> […] Sick mosert an vielen sprachlichen Erscheinungen. Und er mosert nur, weil er sie aus völlig eigenem Geschmack nicht leiden kann. Bezeichnend ist, dass Sick so gut wie NIE Gewährsleute für GUTEN Sprachgebrauch anführt: Bei GUTEM Sprachgebrauch nämlich ist er selbst sein bester Gewährsmann. Aber für schlechten Sprachgebrauch hat er tausend Zitate von fremden Schreibern parat. Was Sick nicht kennt, bezeichnet er als »veraltet« und »falsch«. Wer oder was ihn zum Richter befähigt hat, verschweigt er natürlich.
>
> Wovon uns Sick säubern will, hat vor Sicks Zeiten haargenau zu dem Zustand geführt, den Sick nun als letzte Wahrheit verteidigt. So kann er z.B. fast keinen Satz ohne Fremdwort schreiben, keinen Satz ohne die allerabgedroschensten Modebrocken. Er schreibt also gerne von einer »rapiden Zunahme« (S. 11), einer »definitiven Lösung« (S. 19) oder einem »ultimativen Argument« (S. 22), und schon beim flüchtigen Durchblättern erscheint alle paar Seiten irgendein »Phänomen« (S. 30, 69, 87, 92, 110, 119) oder eine »Katastrophe« (S. 30, 44, 95, 135ff.) oder gar das völlige »Chaos« (S. 26, 38, 54, 73, 126). Seine wahren Lieblingswörter aber sind »Triumph«, »Prinzip« und natürlich »Problem«. Gegen SOLCHEN Stilnebel hätte Sick lieber anschreiben sollen! Er empfindet auch nicht (S. 216) die Geschmacklosigkeit

---

[29] Sehr lesenswert sein Internetaufsatz unter: http://www.potzdam.de/05_juli/krampf1.htm.

der Sätze vom Schlag: »Der Elativ, auch absoluter Superlativ genannt, wird außer Konkurrenz verwendet«, was
bei lyrischen Gemütern für Gänsehaut sorgen muss. Außerdem fordert er (S. 115), statt Streit, Zank, Zwist, Krach,
Zoff, Bruch, Krieg, Gezänk, Streitigkeit, Gezeter, Gefecht,
Gezerre, Reiberei, Spannung, Widerspruch, Wortwechsel,
Hickhack, Für und Wider, Wortgefecht, Streitgespräch und
20 anderer guter Wörter: doch wieder öfter zu schreiben
»Debatte«, »Diskussion« und »Kontroverse«. Tja, vergessen hat er nur noch die wohlklingenden unverzichtbaren
deutschen Kraftwörter Disput, Divergenz, Konflikt, Diskurs,
Differenz, Kollision und Renkontre […].

In der Tat: Vorschläge für guten Stil und damit gegen
die temporäre Inflation bestimmter Begriffe oder Be-
griffsmuster in allen Ehren. Aber bestimmte Sachen
regeln sich von selbst. Modewörter heißen so, weil sie
in Mode kommen – aber da kommen sie auch wieder
raus. Dafür sorgt das Phänomen von ganz allein. Das
eine oder andere Wörtchen kann sich etablieren und
erringt irgendwann womöglich erst das Wohlgefallen der
ordinären Sprechergemeinschaft, schafft anschließend
den Eintrag in Duden, Wörterbuch oder Lexikon, und
bekommt dann den Segen des stilbewussten Deutsch-
sprechers. Die meisten Modeausdrücke verschwinden
so, wie sie gekommen sind. Das liegt in ihrem Naturell,
und man benötigt keine Kolumne, die einen allmonatlich
in Boulevardmanier (›Daumen hoch – Daumen runter‹,
›In – Out‹, ›Top – Flop‹ usw.) auf Begriffe wie *Bereich,
Kreise, Verständnis, pur, satt* oder Derivationsmorpheme
wie *-mäßig, -technisch, -ler, -haft* usw. aufmerksam macht.
Bastian Sick gibt selbst zu, dass das eine oder andere
schon nicht mehr aktuell ist. Aber es wenigstens einmal
gesagt zu haben, bringt ihm schon eine schöne Stange
Geld und ein paar neue Anhänger.

Das vorliegende Buch indes soll für einen sensibleren Umgang mit Sprache werben, für die Einsicht, dass die Beherrschung mehrerer sprachlicher Register durchaus ein Vorzug ist und nicht jede Abweichung vom Duden ein kleines Verbrechen – auch nicht an der Sprache selbst. Eine Logopädin täte nicht gut daran, bei einem Kind eine doppelte oder gar dreifache Sprachstörung festzustellen, weil es den ›Fehler‹ begeht, *wegen* mit Dativ und *brauchen* in der dritten Person Singular ohne <t> zu benutzen. Und dann sogar noch etwa ohne *zu*!

Und sag ihm, dass er wegen dem Geld nich' noch mal anrufen brauch …!

Zu diesem sensibleren Umgang gehört außer dem Plädoyer für die Umgangssprache und ihre ›Auswüchse‹ auch das Zugeständnis, dass Sprachkritik und Sprachpflege ebenso eine Existenzberechtigung haben. Es ist in bestimmten Situationen, meist, wenn es um Sprachverwendung in der Öffentlichkeit geht, von Vorteil, ein Regelwerk vorliegen zu haben, das wesentliche Unsicherheiten klärt. Aber gleichsam zu verlangen, ein detaillierter, aber dennoch unvollständiger, teilweise widersprüchlicher Kanon solle der Maßstab für alle Deutschsprecher sein, ist mehr als überzogen. Es wirkt doch über die Jahrzehnte gesehen lächerlich, wenn der Duden proklamiert, er möchte den Zentrifugalkräften der Sprache entgegenwirken, sich dann aber doch reichlich verspätet immer wieder dem Diktat der Sprachwirklichkeit beugen muss und dies dann auch tut. Diese Zentrifugalkräfte gehören zum Wesen der Sprache. Diese Erscheinungen sind Ausdruck verschiedener Existenzformen. Die normative Grammatik ist nicht viel mehr als ein Knigge des Sprachgebrauchs. Die Sprache hat ihre eigene Wirklichkeit, begründet in ihrem organischen Wesen. Und das sollten sich auch der Duden und seine treuen Verfechter eingestehen. Sie tun es ja auch. Wenn sich die Sprachgemeinschaft nur vehement genug für eine bestimmte Form einsetzt, indem sie sie häufig benutzt und dabei dem inneren Sprachgefühl folgt, muss sich auch, mit Zeitverzögerung, der Duden beugen. Dann werden die Gesetze umgeschrieben, ähnlich wie im juristischen und gesellschaftlichen Bereich. Wenn die Menschen im Allgemeinen und der Gesetzgeber im Besonderen von biologischen Tatsachen überzeugt werden konnten, zum Beispiel von der Gleichwertigkeit von Mann und Frau oder von der nicht krankhaften Veranlagung der Homosexualität, dann wird oder wurde an einem bestimmten Punkt das Wahlrecht für beide Geschlechter eingeführt oder die strafrechtliche Verfolgung von Schwulen eingestellt. Normative Grammatiken sollten sich darauf beschränken, relevante Standards zu kodifizieren und sinnvolle Vorschläge zum Gebrauch zu machen. Das ist sehr vage ausgedrückt, aber allemal besser, als verschiedenste Erscheinungen mit den Etiketten ›gut‹ oder ›schlecht‹ bzw. ›Standard‹ oder ›Umgangssprache‹ temporär abzustempeln. Damit schafft man eher den Boden für Dünkel, Besserwisserei, Arroganz, Gängelei einerseits und Unsicherheit und Minderwertigkeitsgefühl anderseits, und damit wiederum Trotzreaktionen wie Rückzug ins Schweigen oder Glorifizierung von tatsächlich zweifelhaftem Stil. Das kann kein ernsthaftes Ziel sein. Genauso wenig wie die Bestrebung um eine rigorose Gleichmacherei, orientiert an einem kodifizierten Ideal.

Die Menschen sollten sich dessen bewusst ein, dass es nicht nur eine gute Sprache gibt, sondern dass es wichtig ist, ihre Muttersprache differenziert und angemessen einzusetzen. (Die Allgemeine Sprachwissenschaft hat als Unterdisziplin das Gebiet der Varietäten-Linguistik hervorgebracht, das sich damit beschäftigt.) Der Stil und folglich die zu beachtenden Regeln beim Verfassen von Schriftstücken sind andere als die beim ungezwungenen Beisammensein. Mit einem potentiellen Geschlechtspartner redet man anders als mit einem Kleinkind. Die Erwartungshaltung beim Griff zu einem Poesieband ist eine andere als die bei der Konversation mit einem Ausländer, der erst seit wenigen Wochen Deutsch lernt. Eine jagdbegeisterte Parteivorsitzende redet mit politischen Gegnern vor laufender Kamera anders als in Feierlaune mit ihren Freunden auf einem Hubertusfest, mit einem ausländischen Regierungschef über ihren Dolmetscher anders als mit ihrer zwei Jahre jüngeren Schwester. So etwas ist soziale Kompetenz und als ein virtuoser Umgang mit Sprache erstrebenswert.

Wir sind als mündige Menschen auch alle Gefangene unserer eigenen Persönlichkeit, wir sind das Ergebnis unserer Erfahrungen. Das ist ein Fakt. Wir können oft nichts dafür oder dagegen, dass wir ein gerolltes <r> als provinziell, einen /s-pitzen S-tein/ als norddeutsch-unterkühlt und falsch – oder aber ein /Hascht geschtern g'fasch't?/ als hinterwäldlerisch und unrichtig empfinden. Ebenso halten viele Menschen das sogenannte Hochdeutsche in ausgelassen-informellen Situationen für arrogant-überzogen; andere wiederum missbilligen die Derbheit der saloppen Umgangssprache und empfinden tatsächlich ein gewisses Unbehagen. Das sind jedoch Vorurteile, die man nicht noch kultivieren und ausleben muss. Wem wäre damit gedient?

Eine weitere Beobachtung, die ich bisher noch nirgends diskutiert gesehen oder gehört habe, ist die Tatsache, dass es außer sozialen Verurteilungen oder Preisungen bestimmter Wörter, Ausdrücke, Wendungen usw. auch ganz persönliche gibt. Unabhängig von sozialen oder dialektalen Präferenzen oder Vermeidungsstrategien legen sich Menschen aus welchen Gründen auch immer Hasswörter zu, oder belegen bestimmte Ausdrücke mit einem inneren persönlichen Bann. Damit meine ich Wörter, die vollkommen unabhängig von ihrer Bedeutung und allen möglichen Konnotationen ganz neutral daherkommen.[30] Meine Großmutter zum Beispiel verabscheute das Wort *lecker*, ein guter Freund ekelt sich vor dem Wort *definitiv*, die Chefin meiner Schwägerin verbot die Benutzung des Wortes *insofern*[31]. Ich habe unerklärlicherweise ein unschönes Gefühl bei den Fügungen *am gestrigen Tage* oder *am heutigen Tage*. Viele Menschen kennen dieses Gefühl (des Sprachekels). Vielleicht kann man nichts gegen die eigene innere Ablehnung machen – aber man sollte sich hüten, von der Antipathie gegenüber dem jeweiligen Wort ein persönliches Urteil über den Verwender zu fällen.

---

[30] Anders also als emotional belastete Begriffe wie *Neger, Schwuchtel, Führer*, die berüchtigten Unwörter (*Buschzulage, Altenplage, Separatoren-* oder *Gammelfleisch*) oder auch die im Zuge der vom Deutschen Sprachrat ausgeschriebenen Initiative »Mein schönstes deutsches Wort« genannten Wörter wie *Gemütlichkeit, Liebe* und *Sehnsucht*.

[31] Bastian Sick scheint es zu mögen, vorausgesetzt, es steht mit einem Nebensatz in Verbindung, der mit *als* beginnt – und nicht mit *als dass, weil* oder nur *dass*.

Nachwort

immer ruhiger.   sehr langsam.

Abb. 3: Auszug aus Richard Strauss,
»Also sprach Zarathustra (Von der Wissenschaft)«

Meiner Meinung nach hat die gegenwärtige und zeit-
nahe (ich will mit dem Attribut ›zukünftig‹ nicht allzu
weit in die ferne Zeit referieren) Sprachwissenschaft
auch drei praxisrelevante Hauptaufgaben.

Die eine ist die (hoffentlich an der tatsächlichen, kogni-
tiv-realen Sprachproduktion und -perzeption orientierte) Modellierung sprachlicher Kommunikation mit dem
Computer. Wenn wir mit einer Maschine, zum Beispiel
unserem privaten Rechner oder einem Roboter, ähnlich
reden können wie mit einem Menschen, dann hat die
Linguistik einen großen Schritt gemacht. Und dann kann
man auch davon ausgehen, dass wir sehr gut verstehen,
wie Sprache im Gehirn tatsächlich funktioniert. Das muss
nicht notwendigerweise so sein: Man kann Sprache sicherlich auch irgendwie künstlich simulieren, sie technisch
anders erzeugen, als es das Gehirn des Homo sapiens tut,
aber gewisse Gemeinsamkeiten sind zu erwarten. Technische Nachahmung menschlicher Fähigkeiten ist meist
verschieden von den natürlichen Abläufen: Die menschliche Fortbewegung erfolgt in der Regel schrittweise (und)

durch die Beine; die erste klassische, technische Lösung zur Ortsveränderung ist das Rad – in vielem den Beinen sogar überlegen. Aber nicht in allem und unterm Strich ist eine schrittweise Fortbewegung wahrscheinlich sogar besser, und so wird modernsten Robotern eher das viel differenziertere und differenzierende Schreiten beige-bracht als das Rollen. Insofern ist das Eindringen in die kognitive Realität des Sprechens, also das Suchen nach den existentiellen Geheimnissen von Grammatik und Sprachverwendung im Gehirn, sicherlich ein wichtiges Forschungsprogramm. Wenn nicht ausschließlich für den ersten hier beschriebenen Bereich, so doch auf jeden Fall für die zweite Hauptaufgabe.

Diese besteht darin, Menschen mit gestörter Sprache zu helfen, möglichst wieder oder erstmals problemlos sprachlich zu kommunizieren. Durch gewisse physiolo-gische Störungen, zum Beispiel genetisch bedingt oder durch einen Unfall hervorgerufen, können Menschen Schwierigkeiten haben, sich mit sprachlichen Mitteln auszudrücken, oder aber sogar schon ›normale‹ Men-schen zu verstehen. Solche Sprach- und Sprechstörun-gen machen sich auf den unterschiedlichsten Ebenen bemerkbar: Bestimmte Laute können nicht produziert werden, Wörter werden systematisch oder unsystema-tisch verwechselt oder können gar nicht verstanden werden. Solche Menschen werden Aphasiker genannt. Vielen davon fällt es schwer, mehrere Wörter richtig mit-einander zu verbinden und dabei grammatisch wohlge-formte Sätze zu bilden. Die sogenannte Neurolinguistik, die sich mit der neuronalen Architektur von gesunder und gestörter Sprache beschäftigt, muss sinnvolle The-rapiekonzepte entwickeln. Sie ist somit ein Teilgebiet der Medizin – einer Wissenschaft also, deren Wichtigkeit wohl von niemandem bestritten wird.

Und drittens muss die heutige Sprachwissenschaft zumindest die gegenwärtige Sprachwirklichkeit so umfassend und kompetent wie möglich einfangen.

Ein Drittel der ca. 6500 Sprachen, die zur Zeit noch weltweit gesprochen werden, wird innerhalb der nächsten Jahrzehnte aussterben. Pessimistische Schätzungen gehen sogar davon aus, dass im Laufe dieses Jahrhunderts bis zu 90 % der jetzt noch gesprochenen Sprachen aussterben könnten. Sprachen und Dialekte sind nicht nur Ausprägungen menschlicher Kultur und menschlichen Geistes, sondern auch Mittel der Welterschließung und des Sozialkontakts für ihre Sprecher. Sie stellen einen Wert an sich dar und sollten deshalb – auch als Manifestationen der Kreativität und der Vielfalt des menschlichen Geistes – erhalten und dokumentiert werden.[32]

Diese wichtige Aufgabe, die durchaus mit dem Bemühen um die Erhaltung der Tier- und Pflanzenwelt verglichen werden kann, muss von verantwortungsvollen und gut ausgebildeten Sprachwissenschaftlern bewältigt werden. Es ist unschwer vorstellbar, dass die Ergebnisse einer solchen Arbeit nicht auch ohne Gewinn für die beiden erstgenannten Hauptaufgaben sind.

Eine sprachwissenschaftliche Attitüde vor dem Hintergrund der normativen Grammatik und sonstiger sprachhygienischer Machenschaften ist es nicht.

***

---

[32] Willkommenstext auf der Homepage der »Gesellschaft für bedrohte Sprachen e.V.«.

Ich möchte mich bei den vielen Menschen bedanken, die mich beim Verfassen des vorliegenden Buches unterstützt haben. Namentlich möchte ich nennen: Heide Wegener, Judith Bermann, Andreas Haida, Reiner Ludwig, Silke Hamann und Paul Boersma, Sabine Zerbian, Bernd Schmieden, Mathias Deinhard, Dagmar Bittner, Mechthild Bernhard, Larissa Giehl, Ewa Trutkowski, Andreas Bittner, Fabienne Fitzsche, Werner Frey.